Rainer Thissen
Helmut Hansen

Königsnattern
Lampropeltis

83 Farbfotos
7 Zeichnungen

Heselhaus & Senkowski

Kreuzung zwischen *Lampropeltis triangulum sinoloae* **und** *t. hondurensis*   Foto: Helmut Hansen

Inhaltsverzeichnis:

Zur Entstehung des Buches 7
Einleitung 11
Die Gattung *Lampropeltis* 12
Die Arten der Gattung *Lampropeltis* 14
Das Verbreitungsgebiet der Gattung
Lampropeltis 16
Verbreitungskarte *L. zonata* 17
Betrachtungen zur Namensgebung 20
Die Bedeutung der Färbung, Ähnlichkeiten
mit anderen Schlangen und Mimikry 25
Über meine ersten Erfahrungen mit
Schlangen der Gattung *Lampropeltis* und
den sich ergebenden Problemen 33
Die Beschaffung der Tiere 38
Eingewöhnung und Quarantäne 42
Art und Einrichtung der Terrarien 48
Die Ansprüche von *Lampropeltis* 56
Ernährung und Fütterung 62
Die Häutung 67
Die Lebenserwartung der Tiere 68
Krankheiten 69
Die Zucht von *Lampropeltis* 73
Die Geschlechtsbestimmung bei
Lampropeltis 73
Allgemeines zur Nachzucht und über
Farbvariationen 76
Paarungsbereitschaft, Kommentkämpfe,
Paarung und Eiablage 77
Die Inkubation der Eier 80
Das Bestimmen von *Lampropeltis* 82
A. Schlüssel für die Familie 83
B. Schlüssel für die Gattung 83
C. Schlüssel für die Arten 84
D. Schlüssel für die Unterarten 86
***Lampropeltis triangulum* - Milchschlangen** . 87
Verbreitungskarten ***L. triangulum*** 88
Schlüssel zu den
Unterarten von
Lampropeltis triangulum 91
Kurzübersicht zur Bestimmung von
Unterarten von
Lampropeltis triangulum 95
L. t. abnorma
Guatemala-Milchschlange 98
L. t. amaura
Louisiana-Milchschlange 99
L. t. andesiana
Anden-Milchschlange 100
L. t. annulata
Mexikanische Milchschlange 102
L. t. arcifera
Jalisco-Milchschlange 103
L. t. blanchardi
Blanchards Milchschlange 104
L. t. campbelli
Puebla-Milchschlange 105
L. t. celaenops
Neu Mexiko-Milchschlange 107
L. t. conanti
Conants Milchschlange 108
L. t. dixoni
Dixons Milchschlange 109
L. t. elapsoides
Scharlachrote Milchschlange 109
L. t. gaigeae
Schwarze Milchschlange 112
L. t. gentilis
Central Plains-Milchschlange 114
L. t. hondurensis
Honduras-Milchschlange 116

L. t. micropholis
Ecuador-Milchschlange 117
L. t. multistriata
Helle Milchschlange 119
L. t. nelsoni
Nelsons Milchschlange 120
L. t. oligozona
Pazifik-Milchschlange 121
L. t. polyzona
Atlantik-Milchschlange 122
L. t. sinaloae
Sinaloa-Milchschlange 123
L. t. smithi
Smiths Milchschlange 124
L. t. stuarti
Stuarts Milchschlange 125
L. t. syspila
Rote Milchschlange 126
L. t. taylori
Utah-Milchschlange 128
L. t. triangulum
Östliche Milchschlange 129
Lampropeltis zonata -
Bergkönigsnattern 131
Schlüssel zu den
Unterarten von
Lampropeltis zonata 132
L. z. agalma
San Pedro-Bergkönigsnatter 133
L. z. herrerae
Todos Santos-Bergkönigsnatter 134
L. z. multicincta
Sierra-Bergkönigsnatter 134
L. z. multifasciata
Küsten-Bergkönigsnatter 135
L. z. parvirubra
San Bernardino-Bergkönigsnatter 135

L. z. pulchra
San Diego-Bergkönigsnatter 137
L. z. zonata
St. Helena-Bergkönigsnatter 137
Lampropeltis alterna
Graugebänderte Königsnatter 138
Lampropeltis mexicana
Mexikanische Königsnatter 140
Lampropeltis pyromelana
Bergkönigsnattern 143
Verbreitungskarte *L. pyromelana* 146
Schlüssel zu den
Unterarten von
Lampropeltis pyromelana 147
L. p. infralabialis
Utah-Bergkönigsnatter 148
L. p. pyromelana
Arizona-Bergkönigsnatter 149
L. p. knoblochi
Chihuahua-Bergkönigsnatter 149
L. p. woodini
Huachuca-Bergkönigsnatter 150
Lampropeltis ruthveni
Ruthvens Königsnatter 150
Verbreitungskarte *L. getula* 152
Lampropeltis getula
Gewöhnliche Königsnattern 152
Schlüssel zu den Unterarten von
Lampropeltis getula 154
L. g. californiae
Kalifornische Königsnatter 155
L. g. floridana
Florida-Königsnatter 157
L. g. getula
Östliche Königsnatter 159
L. g. holbrooki
Gesprenkelte Königsnatter 160

Inhaltsverzeichnis

L. g. nigra
Schwarze Königsnatter 161
L. g. nigrita
Schwarze Mexiko-Königsnatter 161
L. g. splendida
Wüsten-Königsnatter 162
Verbreitungskarte *L. calligaster* 163
Lampropeltis calligaster
Prärie-Königsnattern 163

**Schlüssel zu den Unterarten von
*Lampropeltis calligaster*** 165
L. c. calligaster
Prärie-Königsnatter 165
L. c. rhombomaculata
Maulwurfs-Königsnatter 166
L. c. occipitolineata
Süd-Florida-Maulwurfs-Königsnatter ... 167
Literatur 168

CIP-Titelaufnahme der Deutschen Bibliothek
Thissen, Rainer und Helmut Hansen:
Königsnattern *Lampropeltis*
Rainer Thissen und Helmut Hansen
Hamburg: Heselhaus & Senkowski, 1996
ISBN: 3-9801853-8-9

Das Werk, einschließlich aller seiner Teile, ist urheberrechtlich geschützt. Jede Verwertung außerhalb der engen Grenzen des Urheberrechtsgesetzes ist ohne Zustimmung des Verlages unzulässig und strafbar. Das gilt insbesondere für Vervielfältigungen, Übersetzungen, Mikroverfilmungen und die Einspeicherung und Verarbeitung in elektronischen Systemen.

**Heselhaus & Senkowski Verlags oHG
Voßkoppel 3 · 22549 Hamburg
Tel./Fax 040/832 31 75**

Lektorat: Ralf Heselhaus
Satz und Druck: HAASE DRUCK GMBH,
22549 Hamburg

Danksagungen

Die im folgenden aufgeführten Personen haben mir für dieses Buch Bilder, Bücher, Tiere, persönliche Mitteilungen und/oder Erfahrungswerte zur Verfügung gestellt.
Vielen Dank an: Dave Long, Doug Duerre, Tim Rainwater, Bill Gillingham, Bill Lamoreaux, Stephen Hammack, Lloyd und Sunni Lemke, Les Hughes, John Hollister, Brennan Mc Graw, Jeff Mc Adoo (USA); Ulrich Kuch, Paul Kornacker, Volker Nägele, Peter Vise, Stefen Broghammer (Deutschland); Robert Ullmann, Andre Wenger, Rene Müller, Franco Morellini, Rolf Kaufmann, Peter Kern, Karl Johansen, Ferdinand Grob, Georg Faoro, Markus Ruf, Jean-Claude Repo, Rolf Niederhauser, Andy Mayer, Hans-Peter Joos (Schweiz).
Besonderen Dank möchte ich meiner Schwägerin Gaby Hansen für die Erstellung meines Manuskriptteiles sowie meiner Frau Maggi und Töchtern Svenja und Selina aussprechen, ohne deren Mithilfe dieses Werk nie entstanden wäre.

Helmut Hansen

Für die Bereitstellung von Literatur, Informationen und/oder Dias möchte ich mich bei Wolfgang Bischoff, PD Dr. Wolfgang Böhme und Ulla Bott (Bonn), Ingo Eckermann (Hünxe), Gero Hilken (Hamburg), Paul Kornacker (Rheinbach), Ulrich Kuch (Kelkheim), Ingo Pauler (Wachenheim) und Dirk Stratmann (Kleinenbroich) sowie besonders bei Andreas Mendt (Rheinbach) für seine Hilfestellungen bei der Bedienung des PC bedanken.

Rainer Thissen

Als Kontaktanschrift für terraristisch Interessierte möchten wir auf die Deutsche Gesellschaft für Herpetologie und Terrarienkunde hinweisen: DGHT-Geschäftsstelle, Postfach 14 21, 53351 Rheinbach.

Zur Entstehung des Buches

Schon auf der Jahrestagung der Deutschen Gesellschaft für Herpetologie und Terrarienkunde im Jahre 1990 in Münster fragte mich Ralf Heselhaus, ob ich nicht Interesse habe, ein Buch über die Gattung *Lampropeltis* zu schreiben. Damals sagte ich ihm, daß ich prinzipiell interessiert sei, aber es erst dann zusagen könne, wenn ich Zeit habe. In falscher Einschätzung der mir in der Folge gegebenen Zeit sagte ich im Frühjahr 1993 zu, zusammen mit Helmut Hansen dieses Buch zu schreiben. Es sollte das erste Buch über die Gattung in deutscher Sprache werden. Durch eine Verkettung vieler unglücklicher Umstände hat die Fertigstellung nun doch bis zum Sommer 1995 gedauert, so daß in der Zwischenzeit schon Übersetzungen amerikanischer Werke im Handel sind. Gleichwohl ist das vorliegende Buch das erste über die Schlangen der Gattung *Lampropeltis*, welches außerhalb der USA, also einem der Hauptverbreitungsgebiete, entstanden ist. Außerdem ist es das einzige Buch, in dem alle Bestimmungschlüssel der Gattung, der Arten und der Unterarten enthalten sind.

Ich möchte mich an dieser Stelle für die Geduld und Langmut der Verleger bedanken, die für die entstandenen Verzögerungen ein maximales Maß an Verständnis aufgebracht haben.

Wir beabsichtigten, ein Buch von Terrarianern für Terrarianer zu schreiben, wobei wir sehr wohl bemüht waren, den aktuellen Stand der herpetologischen Forschung zu berücksichti-

Lampropeltis alterna blairi.
Foto: Doug Duerre

Lampropeltis ruthveni, **Albino**. Foto: Stephen Hammack

L. pyromelana infralabialis. Foto: Helmut Hansen

Entstehung des Buches

Farbvariante von *L. alterna blairi* mit breiten grauen Bändermustern. Foto: Dave Long

gen, gleichzeitig aber den Schwerpunkt in Inhalt und Ausdruck auf die Interessen und Belange der Terrarienliebhaber abzustimmen. Mir war es besonders wichtig, dieses Buch so zu konzipieren, daß auch Anfänger der Terrarientierhaltung und -pflege es als Leitfaden nutzen können. Daher habe ich als Ansatz und Ausgangspunkt für dieses Buch mich an meine eigenen Anfänge bei der Haltung und Pflege von Schlangen der Gattung *Lampropeltis* erinnert, da die damals aufgetretenen grundlegenden Probleme auch heute noch diegleichen relevanten sind. Ich habe mich nur da auf andere Autoren bezogen, diese inhaltlich wiedergegeben oder zitiert, wo es mir unumgänglich notwendig erschien. Ansonsten habe ich mich auf die Weitergabe meiner Erfahrungen beschränkt.

Den terraristischen Betrachtungen vorangestellt habe ich Abschnitte über die Taxonomie der Gattung und der Arten von *Lampropeltis*, deren Verbreitungsgebiet, über ihre Namensgebung und die Ähnlichkeiten mit anderen Schlangen. An einigen Stellen konnte ich es nicht unterlassen, persönliche Ansichten z.B. zum Umgang mit giftigen Schlangen, einfließen zu lassen.

Es sollten alle bekannten Arten und Unterarten der Gattung *Lampropeltis* in Wort und Bild abgehandelt werden, mit dem Ziel, dem Terrarianer sowohl eine Bestimmungshilfe als auch Hinweise für eine erfolgreiche Haltung und Zucht dieser Schlangengattung zu geben. Als Titel des Buches haben wir uns für den in Deutschland gebräuchlich gewordenen Begriff Königsnattern entschieden. Dabei war uns bewußt, daß dadurch die in Amerika Milchschlangen genannten Angehörigen von *Lampropeltis triangulum* im Titel nicht direkt genannt sind.

Wir haben die Arbeit so unter uns aufgeteilt, daß Helmut Hansen für die Grundlagen der Beschreibung der einzelnen Arten und für die Beschaffung des Bild- und Kartenmaterials zuständig war, während ich mich für den allgemeinen Teil, die Endfassung des Artenteiles und für die Bestimmungsschlüssel verantwortlich zeige.

Albino von *L. triangulum hondurensis.*
Foto: H. Hortenbach

Einleitung

Schlangen der Gattung *Lampropeltis* stehen seit fast 20 Jahren zunehmend im Interesse der Terrarienliebhaber, da es sich um ausgesprochen schöne, oft sehr farbenprächtige Tiere handelt, die außerdem mit relativ geringem Aufwand zu pflegen und auch zu züchten sind. Hierbei ist es meiner Meinung nach wie bei allen Terrarientieren, welche man pflegen möchte, unerläßliche Voraussetzung, daß sich der Pfleger zuerst mit den klimatischen Gegebenheiten der Herkunftsgebiete seiner Pfleglinge beschäftigt. Damit er die Verhältnisse der natürlichen Umwelt seiner Tiere möglichst optimal zu simulieren versuchen kann, muß sich der Pfleger durch das Studium von beispielsweise Klimatabellen kundig machen. Aus diesen kann er unter anderem Daten zur durchschnittlichen relativen Feuchtigkeit, zur Niederschlagsmenge, zur Anzahl der Tage mit oder ohne Niederschlag, zur Sonnenscheindauer, zur Durchschnittstemperatur sowie zur Maximal- wie auch zur Minimaltemperatur entnehmen.

Mir bekannte und brauchbar erscheinende Werke sind das „Handbuch ausgewählter Klimastationen der Erde" von M. Müller 1983 sowie „Länder und Klima" von Brockhaus 1982.

Damit in engem Zusammenhang steht die Frage nach dem Biotop, also dem Lebensraum der einzelnen Art, welcher durch ganz bestimmte, charakteristische Pflanzen- und Tiergesellschaften gekennzeichnet ist. Wer ein naturnahes Terrarium einrichten möchte, welches den ursprünglichen Umweltgegebenheiten seiner Pfleglinge möglichst nahe kommen soll, muß über die Bodenbeschaffenheit (Sandwüste, steiniges Gelände, Sumpflandschaft usw.) sowie den Pflanzenbewuchs informiert sein.

Hier finden wir aber bereits eine oft große Schwierigkeit, die sich dem Terrarianer stellt. Falls er seine Tiere über den Tierhandel bezieht und es sich um Wildfänge handelt, ist es fast immer unmöglich, den Fundort der Tiere zu erfahren.

Auch bei angebotenen Nachzuchttieren ist es fast immer problematisch, die Herkunft der Elterntiere genannt zu bekommen.

Die beste Möglichkeit einer genauen Herkunftsbestimmung bietet sich, wenn Terrarianer selber die Tiere in ihrem Verbreitungsgebiet fangen und sich beim Fang den Fundort notieren und auch bereit sind, diesen anderen mitzuteilen - was leider oft nicht selbstverständlich ist.

Dieses Verfahren ist aber oft noch mit anderen Schwierigkeiten verbunden, die sich nur derjenige vorstellen kann, der schon selber versucht hat, in der doch meistens recht begrenzten Urlaubszeit in oft unzugänglichem Gebiet gerade dann zur richtigen Zeit an der richtigen Stelle zu sein, wenn die gesuchte Schlangenart dort anzutreffen ist.

Daneben gibt es seit einigen Jahren vor allem in den USA etliche gesetzliche Bestimmungen zu berücksichtigen, da dort viele Arten der Gattung *Lampropeltis* unter Naturschutz stehen. Dies gilt vor allem für die bunt gefärbten, bei Terrarianern besonders begehrten Arten. Die Kenntnis über den Herkunftsort ist aber auch für die Bestimmung vor allem von Unterarten der *Lampropeltis triangulum* von Bedeutung, welche oft schwierig ist, wie wir später noch sehen werden.

Die Gattung *Lampropeltis*

Die Gattung *Lampropeltis* wird in der Familie der Nattern (*Colubridae*) zu den echten Nattern (*Colubrinae*) gezählt, welche alle ungiftig sind. Die Tatsache, daß der Umgang mit ihnen für den Schlangenhalter gefahrlos ist, schafft eine der grundlegenden Voraussetzungen, warum Schlangen der Gattung *Lampropeltis* so hervorragend geeignete Terrarientiere sind. Der heute gebräuchliche Gattungsname *Lampropeltis* geht zurück auf Fitzinger 1843.

Der Name ist aus der griechischen Sprache von den Wörtern *lampros* = glänzend, leuchtend und *pelta* = Schild abgeleitet. Er kennzeichnet sehr schön das Erscheinungsbild vor allem frisch gehäuteter Schlangen dieser Gattung.

Die erste dokumentierte wissenschaftliche Beschreibung stammt bereits aus dem Jahre 1766, als C. Linnaeus *Coluber doliatus* und *Coluber getulus* beschrieben hat. Erstere ist heute ein Synonym für *L. triangulum*. Im Laufe des vorigen Jahrhunderts wurde der Name noch mehrmals gewechselt, bis sich eben *Lampropeltis* durchgesetzt hatte.

Wichtig scheint mir noch, daß Cope im Jahre 1860 die Gattung *Lampropeltis* von der von *Coronella*, einer Natterngattung der „alten Welt" (Europa, Nordwest-Afrika, West-Asien) getrennt hat, weil er als erster Herpetologe erkannt hatte, daß ein Gattungsmerkmal bei *Lampropeltis* das ungeteilte Analschild (Afterschild) ist.

Die Subcaudalia (Schilder der Schwanzunterseite) sind geteilt, verlaufen also in zwei Reihen. Die Schwanzlänge ist kurz bis mittellang, d.h. sie macht ungefähr bis zu 15% der Gesamtlänge der Schlange aus.

Ebenso war es Cope, der 1862 als weiteres Unterscheidungsmerkmal und Charakteristikum für *Lampropeltis* das Vorhandensein zweier Apikalporen in den glatten, lanzettförmigen Schuppen beschrieben hat. Dies sind kleine Vertiefungen (Gruben) an der Spitze jeder einzelnen Körperschuppe der Schlange, welche wohl taktile Aufgaben wahrnehmen, also Tast- oder Berührungsreize weiterleiten. Diese Apikalporen sind bei einer Schlange mit bloßem Auge nicht zu erkennen. Hilfreich kann hier der Gebrauch einer starken Lupe sein. Am besten sind die Apikalporen an den Schuppen einer getrockneten Schlangenhäutung, auch Natternhemd genannt, zu sehen.

Schlangen der Gattung *Lampropeltis* haben 17 bis 27 Reihen Dorsalschilder (Körperschilder auf dem Rücken) im Bereich der Körpermitte.

Die Ventralia (Bauchschilder) sind glatt und bilden eine nicht winklige Verlängerung der äußersten seitlichen Reihe der Rückenschilder. Sie haben fast immer - wenn auch oft nur geringe - dunkle Farbanteile durch die Einlagerung dunkler Pigmente.

Der Kopf ist nicht oder nur leicht von Hals abgesetzt. Letzteres gilt für die Arten *Lampropeltis alterna* und *Lampropeltis mexicana*. Das Auge hat eine runde Pupille. Die meisten Autoren geben den Durchmesser des Auges als mittelgroß an. Eine Angabe, welche zwar stimmt, die aber wegen der fehlenden Genauigkeit und vor allem für Anfänger der Terraristik fehlenden Vergleichswerte nur bedingt tauglich ist.

Auf die Beschreibung der Kopfbeschuppung wird später eingegangen. Es soll lediglich erwähnt sein, daß das Nasale (Beschilderung rund um das Nasenloch) geteilt ist.

Der Vollständigkeit halber sollen noch Merkmale genannt werden, die dem Terrarianer bei der Bestimmung einer lebenden Schlange wohl nicht oder höchstens sehr selten nützlich sein können: 1) die Bezahnung und 2) die Form der Hemipenes.

Es sind 12 bis 20 massive, ungefurchte Maxillarzähne (Oberkieferzähne) vorhanden, die sich nach Blanchard 1921 zum hinteren Kieferbereich geringfügig vergrößern oder auch verkleinern können, wobei die letzten beiden Zähne bei den Arten, die zum sogenannten *triangulum*-Komplex gerechnet werden, etwas verlängert und auch kräftiger ausgebildet sind. Weiterhin werden für den Oberkiefer 8 bis 14 Palatinar- und 12 bis 23 Pterygoidzähne angegeben. Für den Unterkieferbereich nennt Blaney 1977 12 bis 18 Dentarzähne. Die Namen beziehen sich jeweils auf bestimmte Kieferäste.

Der gleiche Autor wie auch Blanchard gehen auf die Form der Hemipenes (Einzahl: der Hemipenis), also der Geschlechtsorgane der männlichen Schlangen, ein. Im wesentlichen zeigen sie auf, daß ein erigierter Hemipenis asymmetrisch ist und an der Spitze sowohl an einem Ende verdickt als auch zweilappig gegabelt sein kann. Dann ist die Länge des geteilten Teiles des Organes kürzer als die des ungeteilten. Er ist an der Vorderseite kelchförmig. Der Sulcus spermaticus (eine Rinne zum Transport der Spermien aus den Zentrum zum äußeren Rand des Hemipenis) ist einzeln angelegt, im oberen Bereich (außer an der Spitze) ist der Hemipenis mit Stacheln besetzt, während der untere Teil entweder glatt oder mit minimalen Unebenheiten besetzt ist.

Die nahesten verwandten Nattern gehören zu den Gattungen *Elaphe, Pituophis, Cemophora* und *Arizona*.

Die Arten der Gattung *Lampropeltis*

Wie schon erwähnt, stammt die erste wissenschaftliche Beschreibung einer rezenten (= gegenwärtig noch lebend) *Lampropeltis* aus dem Jahre 1766. Somit stehen die Vertre-ter der Gattung erst seit etwas mehr als 200 Jahren im Blickfeld der Herpetologie, der Wissenschaft der Amphibien und Reptilien. Wie in der herpetologischen Literatur üblich, werde ich von nun an im weiteren Text den Gattungsnamen *Lampropeltis* dann durch ein *L.* wiedergeben, wenn ein Artenname bezeichnet werden soll.

Durch Funde von Fossilien (Versteinerungen) ist aber nachgewiesen, daß es schon Schlangen der Gattung *Lampropeltis* zu einer Zeit gegeben hat, als in der Evolution die Werdung von uns Menschen noch nicht so recht begonnen hatte. Es sind zwei Arten von ausgestorbenen Schlangen der Gattung bekannt, beide werden zum *triangulum*-Komplex gerechnet.

Brattstrom 1955 beschreibt *L. intermedius*. Fossile Funde dieser Art wurden in Michoacan (Bundesstaat in Mexico, am Pazifik gelegen) und in Cochise County (Arizona, USA) gemacht.

Die zweite fossile Art ist *L. similis*, die von Holman 1964 anhand von Funden im amerikanischen Bundesstaat Nebraska beschrieben wurde.

Beide Arten lebten im Erdzeitalter des Pliozän, der jüngsten Abteilung des Tertiärs. Dieses Erdzeitalter begann vor ungefähr 14 Millionen Jahren, es endete je nach geographischer Region vor ungefähr 1,5 bis 4 Millionen Jahren. Aufgrund der Altersbestimmung der Fundstücke ist *L. similis* die ältere Art.

Die ältesten Funde von rezenten *Lampropeltis* stammen schon aus dem Pleistozän, der dann folgenden erdgeschichtlichen Zeit. In Nordamerika wurden *L. calligaster*, *L. getula*, *L. pyromelana* und *L. triangulum* fossil entdeckt.

Die heute lebenden Schlangen der Gattung *Lampropeltis* werden in acht Arten unterteilt, die in zwei Gruppen geordnet werden. Das Einteilungsmerkmal hierfür sind die schon im vorigen Abschnitt genannten verlängerten, kräftigeren hinteren Maxillarzähne, die man bei den Schlangen des *triangulum*-Komplexes findet.

Zu dieser Gruppe werden die Arten *L. alterna*, *L. mexicana*, *L. pyromelana*, *L. ruthveni*, *L. triangulum* und *L. zonata* gerechnet.

Die zweite Gruppe, der *getula*-Komplex, besteht aus den Arten *L. getula* und *L. calligaster*. Tieren dieser Gruppe fehlen die verlängerten Maxillarzähne.

Auf die Unterarten wird bei der genaueren Behandlung der einzelnen Arten eingegangen. Die Arten *L. alterna* und *L. mexicana* nehmen eine Sonderstellung ein. Da sie sowohl mit der Art *L. calligaster* aus dem getula-Komplex als auch mit *L. triangulum* aus dem zweiten Komplex verwandt sind, werden sie als Übergangsformen zwischen den beiden Gruppen gesehen.

Lampropeltis-Arten

Lampropeltis zählen zu den farbenprächtigsten Schlangen.
▲ *Lampropeltis zonata agalma.*
▼ *L. zonata herrerae.*

Foto: Mc Grey
Foto: J. Tashijan

Der heutige Stand der herpetologischen Klassifikation der Schlangen der Gattung *Lampropeltis* basiert grundlegend auf Blanchard 1921, der in diesem Jahr die erste umfassende Revision (wissenschaftliche Durchsicht, Nachprüfung) der Gattung durchführte.
Die Art *L. getula* wurde von Blaney 1977 ausführlich bearbeitet, während er sich 1978 über *L. calligaster* äußerte. Williams 1978 hat die Art *L. triangulum* revidiert. Garstka 1982 *L. mexicana*, dabei erkannte er *L. ruthveni* als eigene Art. Die Art *L. pyromelana* wurde von Tanner 1953 abgehandelt, während Zweifel (1952, 1974) *L. zonata* betrachtete.

Diese Veröffentlichungen scheinen mir die wichtigsten systematischen Arbeiten über die einzelnen Arten der Gattung *Lampropeltis* zu sein. Ich kann dem interessierten, der englischen Sprache kundigen Leser nur empfehlen, sich diese Literatur zugänglich zu machen, falls ihm an mehr als nur einem groben Überblick über Fragen der Systematik dieser interessanten Gattung gelegen ist.

Das Verbreitungsgebiet der Gattung *Lampropeltis*

Die Gattung *Lampropeltis* bewohnt ein riesiges Verbreitungsgebiet. Es erstreckt sich in Ost-West-Richtung über knapp 4000 km durch das gesamte Gebiet der USA.
In der Nord-Süd-Richtung beträgt das Vorkommensgebiet sogar mehr als 5200 km. Es liegt zwischen dem 48. Grad nördlicher und dem 4. Grad südlicher Breite.
Es beginnt in Kanada im mittleren und südöstlichen Teil von Ontario und im südwestlichen Quebec, umfaßt fast das gesamte Gebiet der USA mit Ausnahme des äußersten Nordwesten (nördlicher Teil der Bundesstaaten Idaho und Washington), erstreckt sich weiter nach Süden über Mexico, die Staaten Mittelamerikas bis nach Südamerika, wo längs der Küste des Pazifik und im Bereich der Anden von Ecuador und Kolumbien sowie im Küstengebirge des nördlichen Venezuela, der Cordillera de la Costa de Venezuela, Schlangen der Gattung *Lampropeltis* anzutreffen sind.

Interessanterweise wird die immense Nord-Süd-Ausdehnung durch Unterarten der Art *L. triangulum* bestimmt. Die am weitesten nördlich vorkommende Art ist *L. triangulum triangulum*, deren Lebensraum im Süden Kanadas beginnt und sich dann bis weit in die USA hinein erstreckt. Die am weitesten südlich lebende Art ist *L. triangulum micropholis*, die bis in das südliche Ecuador vorkommt.
Ähnlich ausgedehnte Verbreitungsgebiete haben auf dem amerikanischen Kontinent nur die Indigonatter (*Drymarchon corais*), die Spitznatter (*Oxybelis aeneus*), die Giftnattern der Gattung *Micrurus*, deren Vorkommen vom Süden der USA bis nach Argentinien reichen, sowie die Klapperschlangen, Gattung *Crotalus*.
Gute Verbreitungskarten findet man für Arten aus Nordamerika und dem nördlichen Mexiko in den Werken von Behler und King 1988, Conant 1975, Stebbins 1985 und bei

Verbreitung

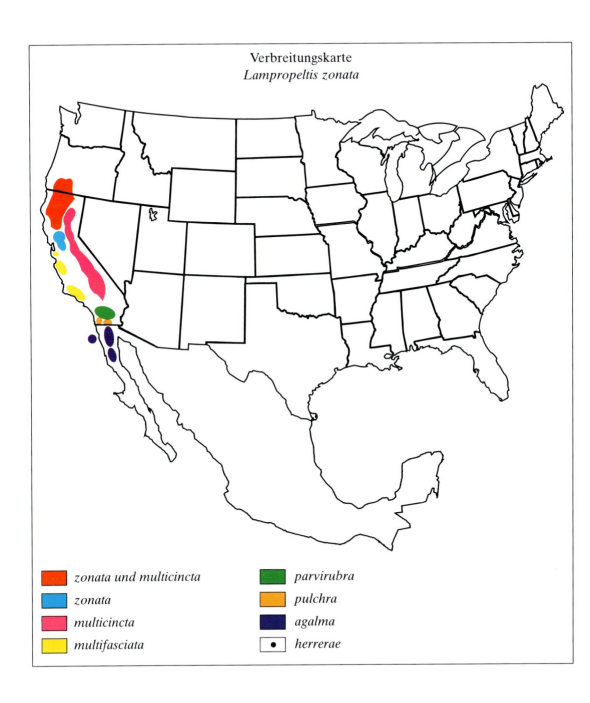

Verbreitung

Wright/Wright 1979. Bei Williams 1988 (2. Aufl.) findet man hervorragende Karten über die Vorkommen von *L. triangulum*.

Aufgrund dieses sehr großen Verbreitungsgebietes ist es auf der Hand liegend, daß alle nur erdenklichen Lebensräume von Schlangen der Gattung *Lampropeltis* bewohnt werden. In Nordamerika haben sie in den Rocky Mountains Höhenlagen bis 2500 m erschlossen, in den südamerikanischen Anden kommen sie bis zu einer Höhe von 3000 m vor. Auf die genauen Verbreitungsgebiete der einzelnen Arten und auch ihrer Biotope wird später im Artenteil eingegangen werden. Anzumerken bleibt, daß in den letzten Jahren durch Funde von *Lampropeltis* an immer neuen Orten außerhalb der bekannten Verbreitungsgebiete sich diese für viele Arten ständig vergrößert haben. Über solche Funde wird z. B. in vielen Ausgaben der amerikanischen Zeitschrift „Herpetological Review" berichtet.

▼ *L. triangulum gentilis* Foto: H. Hansen

Königsnattern in ihrem natürlichen Lebensraum

Verbreitung

▶ *L. triangulum sinaloe.*   Foto: Doug Duerre

▶ *L. triangulum gentilis.*   Foto: Doug Duerre

Betrachtungen zur Namensgebung

Bei den Betrachtungen zur Namensgebung von Schlangen müssen wir zwischen dem wissenschaftlichen Namen in der Herpetologie und den allgemein gebräuchlichen Namen im Volksmund und bei Terrarianern unterscheiden.

Im Falle der Gattung *Lampropeltis*, in deren Verbreitungsgebiet von der Bevölkerung weitgehend Englisch und Spanisch gesprochen wird, existierte zuerst dort ein gebräuchlicher Name in der Landessprache. Erst als Terrarianer im deutschen Sprachraum Tiere der Gattung *Lampropeltis* erhalten hatten, ergab sich auch für sie die Notwendigkeit, diesen eigene Namen in deutscher Sprache zu geben, um den Umgang untereinander zu erleichtern. Oft wurden die amerikanischen Namen ins Deutsche übertragen. Teilweise hat sich das als schwierig erwiesen. Auch heute entsteht noch immer Verwirrung durch den Gebrauch verschiedener, teilweise auch durch „frisch erfundener", Namen für ein und dieselbe Art. Im Falle der Gattung *Lampropeltis* kann man für den Gebrauch unter Terrarianern die im Volksmund gebräuchlichen spanischen Namen vernachlässigen, während Betrachtungen zu den englischen Namen notwendig und auch hilfreich sind.

Wie schon im Abschnitt über die Gattung aufgezeigt, ist der wissenschaftliche Name *Lampropeltis* aus dem Griechischen abgeleitet. Die wissenschaftliche Nomenklatur benutzt meistens Wörter oder Wortteile der griechischen und der lateinischen Sprache, um die einzelnen beschriebenen Arten zu kennzeichnen. Sie ist international einheitlich und dadurch auf der ganzen Welt verständlich. Sie werden von der internationalen Nomenklaturkommission nach festen Regeln überprüft, bestätigt, verworfen oder abgeändert. Der wissenschaftliche Name einer Schlange besteht zunächst aus zwei Teilen, wobei der erste Name die Gattung und der zweite die Art bezeichnet.

So bedeutet beispielsweise die Namensgebung *Lampropeltis pyromelana*, daß ein Herpetologe eine neuentdeckte Schlange beschrieben hat, sie der Gattung *Lampropeltis* zugeordnet hat und ihr den Artnamen *pyromelana* gegeben hat.

Erst in dem Moment, in dem man entdeckt, daß es zu dieser beschriebenen Art sehr nahestehende andere Schlangen gibt, die den Rang von Unterarten haben, ist ein dritter Namensteil notwendig.

Bei unserem Beispiel der *Lampropeltis pyromelana* hat Tanner 1953 eine sehr nahestehend verwandte Schlange entdeckt und diese *Lampropeltis pyromelana infralabialis* genannt.

In diesem Fall wird es dann notwendig, die zuerst beschriebene Schlange als die zu kennzeichnen, der Art den Namen gegeben hat. Diese wird dann die sogenannte Nominatform. Dies geschieht dadurch, daß man den Artnamen noch einmal wiederholt. Unsere *Lampropeltis pyromelana* wird jetzt also zur *Lampropeltis pyromelana pyromelana*. Damit

Namensgebung

man aber nicht immer die oft sehr langen Namen vollständig ausschreiben muß, kürzt man wie schon erwähnt dadurch ab, daß man den Gattungsnamen und den Artnamen mit dem Anfangsbuchstaben abkürzt und lediglich die Bezeichnung der Unterart ausschreibt.

Für unser Beispiel bedeutet dies, daß die Namen der beiden genannten Schlangen in der Form *L. p. pyromelana* und *L. p. infralabialis* geschrieben werden.

Die in der Taxonomie, der Einordnung der einzelnen Schlangen in das wissenschaftliche System, benutzten Namen sind in der Regel abgeleitet von 1) den Namen der Entdecker des beschriebenen Tieres, 2) den Namen von bedeutenden Herpetologen oder Amateurherpetologen, 3) den Gegenden, aus denen das beschriebene Tier stammt oder 4) Eigenschaften oder Besonderheiten, die das beschriebene Tier aufweist.

Die Namensgebung von *L. p. pyromelana* ist ein Beispiel für die vierte der genannten Möglichkeiten, da sie aufgrund der Färbung erfolgte. Der Name ist abgeleitet von dem griechischen Wort *pyrrh* und von *mela*. Das erste Wortteil bedeutet soviel wie flammendfarbig = rot, das zweite bedeutet schwarz. Es ist also eine intensiv rot-schwarze Schlange beschrieben worden. *L. p. infralabialis* wurde nach einer Besonderheit und Abweichung von der Nominatform in der Beschuppung am Unterkiefer benannt.

Als Beispiel für eine Benennung nach dem Herkunftsgebiet seien *L. mexicana* = aus Mexiko stammend und *L. t. andesiana* = aus den Anden stammend genannt.

Für die Benennung nach den Namen von Herpetologen gibt es viele Beispiele.
Es seien einige für Unterarten von *L. triangulum* genannt: *L. t. taylori*
nach Edward H. Taylor
L. t. dixoni
nach James R. Dixon
L. t. blanchardi
nach Frank N. Blanchard .

Da die Herpetologie einer ständigen Weiterentwicklung durch Beschreibungen von neu entdeckten Arten und Fortschritten durch die Gewinnung neuer Erkenntnisse unterworfen ist, ist das taxonomische Gefüge nicht starr, sondern auch ständiger Weiterentwicklung unterworfen.

Ursächliche Probleme und dadurch bedingte Namensänderungen können auch aus der Grammatik resultieren. Der Gattungsname ist der Ausgangspunkt. Ist er männlich, müssen auch Art- und Unterartname männlich sein; dasgleiche gilt bei weiblichen Ableitungen.

Der aus dem Griechischen stammende Name *Lampropeltis* ist weiblich. So wurde aus der von Cope 1867 beschriebenen Ophibolus pyromelanus in dem Moment, als diese zu *Lampropeltis* gestellt und umbenannt wurde, *L. pyromelana*.

Gegenwärtig sorgt in der Nomenklatur von *L. getula* eine Arbeit von Frost und Collins 1988 für Verwirrung. Sie sagen mit Recht, daß, da der Gattungsname weiblich ist, auch die Artnamen weiblich sein müssen. Es würde demnach also heißen: *getula* statt *getulus* und *nigra* statt *niger*. Ich habe leider nicht erfahren können, ob diese Änderung mittlerweile von der internationalen Kommission bestätigt worden ist. Da aber J. Collins als Herpetologe einen international guten Ruf genießt und er an dem bekannten und in der herpetologischen Forschung renommierten Museum of Natural History in Lawrence, Kansas, als Koordinator für volkstümliche und wissenschaftliche Nomenklatur für die USA tätig ist, ist anzunehmen, daß die in der genannten Arbeit begründeten Ergebnisse Anerkennung finden werden. Daher verwende ich die weiblichen Endungen anstatt der bisher gebräuchlichen männlichen, also *L. getula* statt *L. getulus*.

Frost und Collins 1988 weisen ebenso wie Williams 1988 darauf hin, daß der wissenschaftliche Name *L. t. multistrata* für die Pale Milk Snake (wörtlich: Blasse oder helle Milchschlange) falsch ist und richtig *L. t. multistriata* heißen muß, da sie von Kennicott 1861 so benannt worden ist. Nach Auskunft von W. Böhme gilt heute prinzipiell der älteste, seit Linnaeus 1758 verfügbare Name. In den Vereinigten Staaten hat sich für *L. getula* und deren Unterarten der Name Kingsnakes = Königsschlange oder Königsnatter durchgesetzt. Der Name ist auf eine besonders bei Mitgliedern der *L. getula*-Gruppe ausgeprägte Ernährungsgewohnheit zurückzuführen. Sie ernähren sich unter anderem von anderen Schlangen. Wenn Schlangen andere zu ihrem natürlichen Nahrungsspektrum zählen, so bezeichnet man diese Schlangenfresser als ophiophag. Da *L. getula* aber nicht nur andere Nattern, sondern auch Giftschlangen wie beispielsweise Klapperschlangen auf dem Speiseplan hat, wurde auch schon einmal beobachtet, daß eine *Lampropeltis* beim Beutefang von einer Giftschlange gebissen wurde. Zur Verwunderung der Betrachter machte das Gift, welches für Menschen wie auch für Säugetiere eine schlimme, oft tödliche Wirkung hatte, der *Lampropeltis* offensichtlich nichts aus. Daher wurde den Tiere eine Vormachtstellung über die anderen Schlangen angedichtet, sie wurden als Könige im Schlangenreich angesehen. Diese Vormachtstellung ist natürlich in den Bereich der Märchen einzuordnen. Tatsache jedoch ist, daß die Mitglieder der Gattung *Lampropeltis* gegen die Toxine (= Gifte) der giftigen Schlangen, welche in ihrem Verbreitungsgebiet vorkommen, eine gewisse Immunität besitzen.

Neben den Mitgliedern der *getula*-Gruppe werden aber auch die Arten *L. alterna*, *L. calligaster*, *L. mexicana*, *L. pyromelana*, *L. ruthveni* und *L. zonata* als Kingsnakes (Königsnattern) bezeichnet.

Ähnlich „märchenhaft" verhält es sich mit dem in den USA gebräuchlichen Namen für die Mitglieder der *L. triangulum*-Gruppe. Diese werden Milk Snakes = Milchschlangen genannt. Auch dieser Name entstammt wohl der Phantasie einiger Bewohner der ländlichen Gegenden der USA.

Wenn ein Farmer mit den Milcherträgen seiner Kuh nicht zufrieden war, aber keine vernünftige Erklärung fand, warum die Kuh auf einmal weniger Milch lieferte, war mit der Entdeckung einer oder gar mehrerer *Lampropeltis* im Stall das Märchen geboren. Vielleicht auch durch die hellen Bänder von *L. triangulum* angeregt, die je nach Art weiß, cremefarben oder gelblich sind, wurde der Farmer an die Farbe der Milch erinnert. Schon schrieb er den Schlangen die Verantwortung für die schlechte Milchleistung seiner Kuh zu. Die

L. getula floridana. Foto: J. Torshijan

Lampropeltis getula nigra.. Foto: W. B. Love

Schlange wollte im Stall wohl nichts anderes als Mäuse oder ähnliche Beutetiere jagen. Schlangen nehmen keine Milch zu sich, vor allem melken sie keine Kühe. Außerdem darf bezweifelt werden, ob eine Kuh ruhig stehen bleiben würde, falls eine Schlange mit einer Vielzahl von spitzen Zähnen sich an einer Zitze des Euters festbeißt, um dort Milch zu saugen.

Unabhängig von der Entstehung der Namen haben sie sich doch sehr wohl durchgesetzt und sind im Sprachgebrauch fest verankert.

Ebenso hat sich in den USA der Begriff der „Tricolors" eingebürgert, was soviel wie „Die Dreifarbigen" heißt. Damit sind all jene Arten von *Lampropeltis* gemeint, deren Zeichnungsmuster aus Körperringen in drei verschiedenen Farben besteht. Diese Farben sind in der Regel rot oder orange, schwarz und weiß oder gelbe Töne. Die aus den bunten Ringen bestehenden Triaden sind in der Regel gleichmäßig angeordnet. Unter „Tricolors" werden sowohl die dreifarbigen Königsnattern als auch fast alle Unterarten von *L. triangulum* verstanden. Bei *L. t. gaigeae* (aus Costa Rica, Panama) werden nur die Jungtiere so bezeichnet, da sich diese Art mit zunehmendem Alter vollständig schwarz färbt. Außerdem nimmt die Nominatform *L. t. triangulum* eine Sonderstellung ein, da bei ihr die drei Körperfarben keine klaren Körperringe bilden. Sie erscheint eher gefleckt und erinnert durch diese Zeichnung an die Kornnatter, Elaphe guttata.

Ansonsten kann man über die gebräuchlichen Artnamen feststellen, daß in der Umgangssprache ähnlich verfahren wird wie bei der wissenschaftlichen Namensgebung. So werden beispielsweise *L. g. californiae* und *L. g. floridana* nach ihren Hauptvorkommensgebieten als California Kingsnake und Florida Kingsnake benannt, was einer Übertragung des wissenschaftlichen Namens in den Umgangssprachgebrauch gleichkommt und auch Sinn macht.

L. zonata und *L. pyromelana* werden als Mountain Kingsnakes = Bergkönigsnattern bezeichnet, da sie vorwiegend in höheren Lagen vorkommen. Ebenso wird *L. g. splendida* nach ihrem Lebensraum Desert Kingsnake = Wüstenkönigsnatter genannt, während *L. g. nigra* einfach Black Kingsnake = Schwarze Königsnatter heißt. Da nigra schwarz bedeutet, wird hier der volkstümliche Name durch die Farbe der Schlange bestimmt. In vielen Fällen werden die Tiere aber auch im Umgangssprachgebrauch nach ihren Namensgebern benannt. So heißt z. B. *L. ruthveni* Ruthven's Kingsnake oder *L. t. stuarti* Stuart's Milk Snake. Dagegen wird die nach dem sehr bekannten amerikanischen Herpetologen Holbrook benannte *L. g. holbrooki* umgangssprachlich als Speckled Kingsnake = Gesprenkelte Königsnatter bezeichnet. Hierbei wird sich also nicht an der namengebenden Kapazität, sondern am Zeichnungsmuster der Schlange orientiert.

Im deutschen Sprachraum haben sich als Sammelbegriffe für alle Arten der Gattung die Begriffe Königsnattern oder auch *Lampropelten* durchgesetzt.

Die Bedeutung der Färbung, Ähnlichkeiten mit anderen Schlangen und Mimikry

Während bei den Angehörigen des *getula*-Komplexes Farben beziehungsweise Farbkombinationen aus schwarz oder braun und weiß oder gelb vorherrschen, findet man bei den Tieren des *triangulum*-Komplexes vorwiegend in Triaden angeordnete Körperringe aus den Farben rot oder orange, schwarz und weiß oder gelb.

Eine Ausnahme hierzu bilden die Angehörigen von *L. alterna* und *L. mexicana*, bei denen eine graue Körperfarbe überwiegt. Die hellen Körperringe sind dadurch weitgehend ersetzt worden. Rote und schwarze Körperringe sind erhalten.

Diese extrem auffälligen Zeichnungen müssen eine für die Schlangen nützliche Funktion haben, da die Natur bei der Farbgebung mit Sicherheit nicht an die Terrarianer gedacht hat, die sich an den farbenprächtigen Königsnattern erfreuen.

Ein Grund für die Ausprägung der Farben kann in einer damit einhergehenden Schutzfunktion liegen.

So stellte schon Gadow vor mehr als achtzig Jahren fest, daß diese bunten Triaden im Biotop ein Auflösen des Körperumrisses und zugleich eine Ablenkung des Lichtes bewirken. Dadurch sind die Tiere beispielsweise für schlangenfressende Vögel schwerer zu entdecken und daher besser geschützt.

Campbell und Lamar 1989 geben für Mittel- und Südamerika ungefähr 25 Schlangengattungen an, bei denen diese auffällige Körperzeichnung zu finden ist.

Unter diesen sind zwei Gattungen, nämlich Micruroides und Micrurus, die zu den Elapidae gezählt werden. Diese Giftnattern sind proteroglyph, d.h. ihre vorderen Maxillarzähne im Oberkiefer sind zu feststehenden, längsgefurchten Giftzähnen ausgebildet. Ihr Gift ist auch für den Menschen gefährlich und ein Biß kann durchaus tödlich sein. Micruroides findet man vom nördlichen Mexiko bis in den Südwesten der USA, während sich das Verbreitungsgebiet der Gattung Micrurus vom Süden der USA bis nach Argentinien erstreckt. Bei diesen dienen die auffällige Färbung und Körperzeichnung der Warnung. Sinngemäß könnte es heißen: Achtung, ich bin giftig! Laß mich in Ruhe! Versuche nicht, mich zu berühren oder zu fressen!

Die anderen Gattungen sind entweder Nattern mit aglypher Bezahnung (wie z. B. *Lampropeltis*) oder sie gehören zu den opistoglyphen Schlangen.

Aglyph bedeutet, daß die Zähne ungefurcht und kanallos sind. Im Falle eines Bisses ist die zu sehende Bißmarke der Zähne einheitlich und gleichmäßig, da eben keine verlängerten Giftzähne vorhanden sind. Aber auch solche „harmlosen" Bisse sind nicht zu unterschätzen, da es sehr wohl zu Infektionen der Wunde wie auch zu Vergiftungserscheinungen durch eine toxische Mundschleimhaut mancher Schlangenarten kommen kann.

Einfache Schutzmaßnahmen wie eine Tetanusprophylaxe (Schutzimpfung) sollten für Schlangenhalter im eigenen und im Interesse der Familie selbstverständlich sein. Ebenso sollte im Falle eines Bisses der Wundbereich desinfiziert werden.

Als opistoglyph bezeichnet man Schlangen, die im hinteren Bereich des Oberkiefers verlängerte, gefurchte Giftzähne besitzen. Sie werden als Trugnattern bezeichnet. Die Wirkung der meisten Arten ist für den Menschen relativ harmlos, es sind jedoch auch Todesfälle durch den Biß einiger Arten bekannt. Daher scheint es mir ratsam, sie allgemein mit der notwendigen Vorsicht zu behandeln.

Abgesehen von einigen „Jugendsünden" in meinen Anfängerjahren als Terrarianer bin ich persönlich beim Umgang mit Schlangen mit der Unterteilung nur in ungiftige und giftige Arten gut gefahren. Ich unterscheide nicht zwischen schwach oder stark giftig. Giftig ist giftig; alle giftigen Schlangen, auch Trugnattern, werden von mir gleich vorsichtig behandelt.

So ist beispielsweise bekannt, daß bei Bissen unserer einheimischen Kreuzotter (Vipera berus) in den meisten Fällen nur recht harmlose lokale Reaktionen an der Bißstelle auftreten, aber dennoch sterben 3 % der betroffenen Menschen, teilweise trotz der Gabe von Schlangengift-Serum. Kann ich wissen, ob ich als Betroffener zu diesen „nur" 3 % gehöre, für die der Biß mit tödlichem Ausgang endet? Daneben steht die Frage: Vertrage ich überhaupt das Serum? Oder treten negative Wirkungen auf, weil ich auf die Eiweißverbindungen des Serums allergisch reagiere und einen sogenannten Serumschock erleide?

Um es klar zu sagen: Ich bin nicht gegen Giftschlangen oder deren Haltung eingestellt. Ich selber pflege Giftschlangen seit über zwanzig Jahren. Nur muß man mit den Tieren ihrer Gefährlichkeit entsprechend - und diese ist wohl von keinem zu bestreiten - verantwortungsbewußt umgehen. Man muß bemüht sein, die Gefahren für sich und andere so klein wie nur möglich zu halten, denn ganz ausschließen kann man ein Risiko wohl nicht. Unbelassen der Frage, ob man sich im Falle eines Giftschlangenbisses mit einem Serum behandeln lassen würde, empfinde ich es als fahrlässig, wenn Giftschlangenhalter kein Schlangengift-Serum gegen die Toxine der von ihnen gepflegten Schlangenarten besitzen oder nicht zumindest wissen, welches Serendepot in der Nähe ihres Wohnortes das entsprechende Serum vorrätig hat. Auch sollte die Nutzung von verschließbaren Schlupfkästen oder unterteilbaren Terrarien sowie der Gebrauch von Schlangenzangen und Schlangenhaken selbstverständlich sein.

Die giftigen Echten Korallenschlangen der Gattung Micrurus sind das Vorbild: Königsnattern ahmen das Aussehen ihres Modelles, einer giftigen oder gefährlichen Schlange nach.

▲ *Lampropeltis zonata multicincta.* Foto: J. Tashijan

▼ **Das Modell: Die giftige Korallenschlange der Gattung Micrurus.** Foto: Helmut Hansen

In den USA hat man als Bezeichnung für Schlangen der Gattungen Micruroides und Micrurus der Begriff der True Coral Snakes = Echte Korallenschlangen geprägt. Entsprechend dazu nennt man die anderen Schlangengattungen mit einer ähnlich auffälligen Körperzeichnung, die sich diese Warntracht zu Nutzen machen, False Coral Snakes = Falsche Korallenschlangen. Im spanischen Sprachbereich benutzt man als Sammelbegriff für alle die Bezeichnung coralliños.

Sie ähneln einander in Färbung, Zeichnung und/oder Verhalten. Tiere, die oft sympatrisch (in der gleichen Gegend) und /oder syntopisch (im gleichen Biotop) leben, imitieren sich. Man spricht von Mimikry. Der Begriff ist von dem griechischen Wort mimos abgeleitet, welches Imitator, Nachahmer bedeutet.

Man unterscheidet heute mehrere Arten der Mimikry. Der Begriff geht auf den amerikanischen Forscher Bates zurück, der als erster Wissenschaftler das Phänomen aufgezeigt hat. Bei dem nach ihm benannten Bates'schen Mimikry geht man von einem Vorbild, dem Modell, aus. Dies ist eine schädliche oder gefährliche Schlangenart. Ein Mimikry vollzieht sich dann durch den Imitator, dem die schädlichen oder gefährlichen Eigenschaften fehlen.

Hiernach wäre z. B. Micrurus das Modell und *Lampropeltis* der Imitator.

Für das Bates'sche Mimikry müssen fünf Voraussetzungen gegeben sein:

1) Modell und Imitator müssen sympatrisch leben; das gleiche Gebiet wird zumeist von einem Räuber bewohnt, der sowohl Modell als auch Imitator auf seinem Speiseplan hat.

2) Es muß ein Unterschied zwischen dem Imitator und ihm verwandter Schlangenarten bestehen.
3) Die Merkmale des Mimikry müssen auf äußerliche Charakteristika beschränkt sein.
4) Es müssen weniger Nachahmer als Modelle vorhanden sein.
5) Der Imitator muß weniger verteidigungsfähig als das Modell sein.

Sternfeld, der zu Beginn unseres Jahrhunderts als Herpetologe mitgeholfen hat, den international bedeutenden Ruf der Senckenbergischen Naturforschenden Gesellschaft und des Senckenberg Museums in Frankfurt am Main zu begründen, hat festgestellt, daß zwischen Modell und Imitator Größengleichheit gegeben sein muß.

Dagegen spricht man vom Müller'schen Mimikry, wenn zwei oder mehr gefährliche oder schädliche Arten das gewöhnliche Erscheinungsbild einer harmlosen Art teilen. Wenn dies im Verhältnis der Echten und der Falschen Korallenschlangen gelten würde, wären die giftigen Schlangen die Imitatoren der ungiftigen Schlangen bzw. der Trugnattern.

Dies kann man beispielsweise durch eine Verhaltensgleichheit zwischen Vertretern der Gattung Erythrolamprus und einigen Arten von Micrurus stützen. Eine Verteidigungsstrategie von Erythrolamprus ist es, sich bei Bedrohung einzurollen, den Kopf unter den Körperwindungen zu schützen und das Körperende mit dem dazu abgeplätteten Schwanz aufgerichtet dem Angreifer quasi als Kopf entgegenzuhalten, um ihn nach der Täuschung durch einen Biß zu überrumpeln. Dieses Ver-

Färbung und Mimikry

halten findet man auch bei etlichen südamerikanischen Vertretern der Gattung Micrurus. Von mittelamerikanischen Arten ist mir ein solches Verhalten zwar persönlich nicht bekannt, es scheint mir jedoch auch bei diesen vorstellbar.

Mertens stellte in den fünfziger Jahres unseres Jahrhunderts bei Studien über brasilianische Schlangen fest, daß es in der Fauna Brasiliens viel mehr Imitatoren als Modelle gab. Er stellte die Theorie auf, daß die opistoglyphen Trugnattern die Modelle seien, die sowohl von den Giftnattern als auch von den ungiftigen Schlangen imitiert würden.

Wickler 1968 stützte die Theorie von R. Mertens, modifizierte sie leicht und schuf den Begriff des Mertens'schen Mimikry. Er sah in den Trugnattern die Modelle, unterschied aber in der Art des Mimikry durch die Imitatoren. Nach Wickler liegt für die Giftnattern der Gattung Micrurus ein Müller'sches Mimikry vor, während für die ungiftigen Arten, also auch für *Lampropeltis*, die Kriterien des Bates'schen Mimikry gelten.

Bei der Vielzahl der Arten aus ungefähr 25 Gattungen, welche man zu den Korallenschlangen rechnet, muß man wohl vermuten, daß die Tiere eine angeborene Fähigkeit besitzen müssen, die eigene Art durch deren Zeichnungsmuster erkennen zu können.

Daß dies nicht immer gelingt, zeigen die Hybriden (Kreuzung zweier miteinander vermehrungsfähiger Arten), die sowohl aus der Natur wie auch aus Terraiennachzuchten bekannt sind. Selbst Bastardisierungen zwischen verschiedenen Gattungen sind möglich. So berichtet Rundquist 1993 von einer „Fünf-Wege-Kreuzung" zwischen vier Arten von *Lampropeltis* (*L. m. thayeri, L. ruthveni, L. a. blairi, L. g. californiae*) und einer Angehörigen der Gattung Elaphe (*E. guttata*). Zugegeben, auf einem Foto in der amerikanischen Zeitschrift „Captive Breeding" sah das Tier

Kreuzung zwischen *L. triangulum temporalis* und *triangulum elapsoides*. Foto: Hammack

interessant aus, ich frage mich aber, wo der Sinn liegen soll, der Natur dermaßen ins Handwerk zu pfuschen. So sehr ich Nachzuchten begrüße, kann ich aber getrost auf ein solches Gemisch verzichten. Da es immer schwieriger wird, Tiere aus der Wildbahn zu bekommen, gilt es vielmehr, den Bestand an Tierarten für uns Terrarianer durch sinnvolle, geplante Nachzucht der Arten in genetisch möglichst reiner Form zu betreiben.

Schlangen der Gattung *Lampropeltis* weisen aber auch eine Mimikry zu den in ihrem Verbreitungsgebiet lebenden Klapperschlangen (Crotalus sp.) auf.

Von den Klapperschlangen ist bekannt, daß sie bei Bedrohung mit den Horngliedern der Schwanzrassel durch Vibration ein Warngeräusch erzeugen, das sogenannte Klappern. *Lampropeltis*, aber auch andere nordamerika-

Sogar Klapperschlangen – im Bild die Diamantklapperschlange – werden von manchen Königsnattern nachgeahmt.
Foto: Ralf Heselhaus

nische Nattern, imitiert dies bei Bedrohung. Sie vibrieren stark mit ihrem Schwanzende. Dabei erzeugen sie ein Geräusch, das dem Klappern von Crotalus stark ähnelt. Die Imitation ist auf trockenem Laubboden besonders gelungen.
Daneben wird durch *L. alterna*, die mit der Felsenklapperschlange Crotalus lepidus sympatrisch und auch teilweise syntopisch lebt, diese Klapperschlangenart in Färbung und Körperzeichnung imitiert. Sogar die Gestalt der beiden Schlangen ähnelt sich. *L. alterna* imitiert also durch Verhalten und Aussehen eine Grubenotter.
Weiter verweist Garstka 1982 auf Zeichnungsähnlichkeiten zwischen Agkistrodon mokeson und der blairi-Morphe von *L. alterna* und zwischen Crotalus triseriatus und *L. mexicana*, welche jeweils sympatrisch leben.

Campbell und Lamar 1989 führen in ihrem lesenswerten Buch „The Venomous Reptiles of Latin America" eine ganze Reihe von „False Pit Vipers" = Falschen Grubenottern auf. Sie gehen auch umfassend auf die Problematik der Mimikry ein und ein weiterführendes Studium dieser interessanten Materie kann empfohlen werden.
Das Erkennen und Unterscheiden der sich oft sehr ähnlich sehenden Schlangen der verschiedenen Gattungen, welche zu den Korallenschlangen gerechnet werden, ist meistens nicht ganz einfach. Hat man schon Probleme, unbekannte Arten im Terrarium zu bestimmen, so ist es ungleich schwieriger, diese bunten Schlangen in der Natur auf den ersten Blick sicher zu klassifizieren. Vor allem in Bewegung befindliche Schlangen bereiten Schwierigkeiten, da sich die Zeichnungsmu-

Färbung und Mimikry

ster dann aufzulösen scheinen. Es gehört ein umfängliches Wissen über die in der Gegend lebenden Schlangenarten und eine große Erfahrung im Umgang mit ihnen dazu, um zu vermeiden, daß man unliebsame Erfahrungen macht, indem man statt der erhofften ungiftigen *Lampropeltis* plötzlich eine der meistens weniger begehrten giftigen *Micrurus* in der Hand hält.

Es empfiehlt sich auf jeden Fall Vorsicht und zumindest im Zweifel der Gebrauch von Hilfsmitteln, wie z. B. Schlangenhaken. Es muß nicht unbedingt immer ein maschinell gefertigter Haken sein, wie sie im Zoofachhandel erhältlich sind. Hilfsweise genügt auch ein am Ende gebogenes Stück Draht oder ein Ast, dessen Ende einen Winkel bildet. Das Hilfsmittel muß nur lang genug sein, damit ein sicherer Abstand zwischen der Hand des Fängers/Pflegers und der Schlange gewahrt bleibt, bis das Tier eindeutig bestimmt ist. Terrarianer, welche erstmalig in der Natur auf die Suche nach *Lampropeltis* gehen, sollten auf keinen Fall auf den Gebrauch von Schlangenhaken verzichten, auch wenn sie schon über Haltungserfahrungen von Schlangen verfügen. Der Umgang mit den Tieren im Biotop, vor allem wenn die Schlangen Aktivitätstemperatur haben, ist ein anderer als im Terrarium. Außerdem kennt man den Besatz seiner Terrarien, in der Natur weiß man aber nicht, was man unter dem nächsten Stein, hinter dem nächsten Strauch findet.

Bis eine Schlange nicht eindeutig als harmlos bestimmt ist, sollte man sie auf jeden Fall wie eine Giftschlange mit entsprechender Vorsicht behandeln. Es kann nur nützlich sein, wenn man nicht dem Leichtsinn unterliegt, ein Tier auf bloßes Vermuten ohne sicheres Wissen für sich selber für bestimmt zu erklären. Wenn man sich nicht ganz sicher ist, um welche Schlangenart es sich handelt, sollte man das Tier - wenn auch schweren Herzens - in der Freiheit belassen. Allenfalls kann man es zur Bestimmung durch einen Herpetologen oder einen erfahrenen Terrarianer dann mitnehmen, wenn eine sichere und gefahrlose Möglichkeit besteht, daß Tier mittels des Hakens in einem weiten, tiefen Schlangensack oder in einer Transportkiste unterzubringen. Denn ein Giftschlangenbiß ist immer unangenehm, aber erst recht, wenn man sich in der Wildnis befindet, wo es oft etlicher Kilometer Fußmarsch bedarf, um die nächste Siedlung zu erreichen. Wo sich dann der nächste Arzt und das naheliegendste Serendepot befinden, ist die nächste Frage. Denn Schlangengift-Seren hat man bei der Arbeit im Feld wohl kaum dabei.

Hier kann ich allen Terrarianern, die sich, ihre Erfahrung und ihr Können nicht sicher einzuschätzen vermögen und vor allem jenen, die ihre Fähigkeiten gerne überschätzen - und die soll es ja auch geben - eine Arbeit von Walter Rose 1950 empfehlen. Er publizierte über den Fang und den Umgang mit südafrikanischen Giftschlangen. Die Abhandlung ist für mich aber anwendbar auf alle Arten von Giftschlangen und auf alle Länder übertragbar, in denen Giftschlangen vorkommen. Der vollständige Titel heißt in der deutschen Übersetzung: „Ratschlag an den Unerfahrenen zum Fang und im Umgang mit Giftschlangen mit einer vollständigen Anleitung zu ihrer Hal-

tung in Gefangenschaft." Der vollständige Text der Anleitung lautet: „Laß es bleiben!"
Sie sollte von unerfahrenen Anfängern zumindest solange strikt befolgt werden, bis sie unter der Anleitung und Aufsicht erfahrener Giftschlangenpfleger genügend Rüstzeug für eine alleinige Arbeit mit Giftschlangen besitzen. Dies ist mir ein besonderes Anliegen, da auf diesem Gebiet immer noch recht viele Unglücke geschehen.
Auch wenn der Terrarienhalter von *Lampropeltis* sich zuerst wohl mit einem gewissen Recht fragt, was dies mit unserem Buch zu tun hat, bin ich sehr wohl der Meinung, daß diese Überlegungen wichtig sind.
Ich kenne sehr viele Halter von *Lampropeltis*, die nach einigen Jahren der Pflege ihrer Tiere im Terrarium auch einmal deren natürliches Vorkommensgebiet sehen wollten. Diese Reiselust wurde in den letzten Jahren durch günstige Flugpreise in die USA und nach Mexiko sowie dem günstigen Wechselkurs zwischen unserer Währung und dem US-Dollar begünstigt. Dummerweise leben nun einmal im gesamten Verbreitungsgebiet der Gattung *Lampropeltis* auch Giftschlangen. Daher scheinen mir die vorangehenden Überlegungen wichtig. Und zwar zur rechten Zeit, d. h. vorher, damit man für Eventualitäten gerüstet ist.
Zur leichten Unterscheidung zwischen den giftigen Arten der Korallenschlangen und den ungiftigen *Lampropeltis*-Arten wurde Mitte der siebziger Jahre die Ampel-Theorie aufgebracht, die von einigen Terrarianern leider auch noch viel später immer wieder vertreten wurde.

Es wurde behauptet, daß ähnlich wie bei einer Verkehrsampel (gelb neben rot), bei den giftigen Arten immer ein gelber neben einem roten Körperring liegen solle, während bei den Arten von *Lampropeltis* die roten Körperringe von den schwarzen Bändern gesäumt würden. Letzteres trifft zu, dummerweise halten sich aber die Arten der Gattung Micrurus nur sehr begrenzt an diese „Regel". Während für die in den USA anzutreffenden Vertreter der Gattungen Micrurus und Micruroides diese Ampel-Theorie gilt, ist es bei den mittel- und südamerikanischen Arten von Micrurus eher die Ausnahme.
Kurz gesagt: Diese Theorie muß sofort verworfen werden, da sie bei nur ganz wenigen Arten zutrifft und keinerlei allgemeine Gültigkeit hat.
Außerdem gibt es bei allen Schlangenarten Farbvarianten und Mutationen, die oft recht stark von der Normalfärbung und Normalzeichnung abweichen. Diese machen ein Erkennen auf den ersten Blick oft unmöglich. Ein sicheres Bestimmen ist nur durch Kenntnisse und Erfahrung bei ruhiger Betrachtung der Schlange aus dem entsprechenden Sicherheitsabstand möglich. Oft muß man auch Bestimmungsschlüssel und herpetologische Feldführer zu Rate ziehen. Erst wenn eine Schlange eindeutig als *Lampropeltis* bestimmt worden ist, kann man sie in die Hand nehmen.

Meine ersten Erfahrungen mit Schlangen der Gattung *Lampropeltis*

Meine erste *Lampropeltis* durfte ich 1973 in der Hand halten. Es war eine *L. g. floridana*, ein ausgewachsenes männliches Tier. Nur zwei Wochen später erhielt ich mein zweites Tier, eine *L. g. californiae*, ebenfalls ein Männchen. Ich brachte sie gemeinsam in einem Terrarium mit den Maßen 80 cm x 50 cm x 50 cm unter. Es war ein Vollglasbecken, welches nur mit einem Klappdeckel versehen war. Als Lüftung diente je ein gelochtes Aluminiumblech im Deckel und eines in ungefähr 15 cm Höhe über dem Boden in einer Seitenwand. Fest in den Deckel eingebaut war als Wärmequelle ein Infrarotwärmestrahler, der das Becken zusammen mit einer sogenannten Kuchenformlampe (40 W Glühbirne) temperierte. Diese Kuchenformlampen wurden in Eigenproduktion hergestellt, indem in eine Aluminiumkastenform eine Keramiklampenfassung eingebaut wurde. Wichtig ist, daß man die Lampe erdet und in das Dach der Kuchenform zwei kleine Löcher bohrt, damit kein Hitzestau entstehen kann. Dieser einfach zu bauenden und preiswerten Lampen bediene ich mich auch heute noch. Als Bodengrund verwendete ich eine dünne Sandschicht (etwa 5 cm); es war ein rundes Trinkgefäß von 10 cm Durchmesser vorhanden. Die weitere Einrichtung bestand aus einem Kletterast und einem ungefähr 20 cm langen Stück einer halbierten Korkröhre, Höhe etwa 10 cm. Als Futter bot ich den Tieren im Terrarium Mäuse an. Damit hatte ich nach meinem damaligen Wissensstand den Tieren ein Optimum an „Terrarienbehaglichkeit" geboten. In Wirklichkeit hatte ich aber schon eine Vielzahl von Fehlern begangen, die ich im weiteren aufführen möchte.

Als erklärende Entschuldigung möchte ich aber vorher anführen, daß man nicht vergessen darf, daß das Wissen über viele Arten von Reptilien damals noch sehr rudimentär war. Es gab vor allem bei vielen Terrarianern noch wenig klare Vorstellungen über die tatsächlichen Bedürfnisse ihrer Pfleglinge. Das Angebot an Literatur zur Terrarienhaltung im deutschsprachigen Raum war mäßig. Das Standardwerk war immer noch die überarbeitete Ausgabe der „Terrarienkunde" von Klingelhöfer aus dem Jahre 1955. Dann folgte 1969 „Die Terrarientiere" von G. Nietzke. Aber eine Fülle an Publikationen, wie sie heute erhältlich ist, gab es nicht. Auch war die Beschaffung von ausländischer Literatur schwieriger als heute.

Erst den Erfahrungen durch die Terrarienhaltung ist es vielfach zu verdanken, daß es zu dem heute vorhandenen Wissen um und über viele Arten von Terrarientieren gekommen ist. Diese Erkenntnisse sind aber auch oft mit dem Tod der Tiere bezahlt worden. Durch zuerst unsachgemäße Unterbringung, falsche

Pflege und auch der Unkenntnis des richtigen Futters ist es zu Todesfällen gekommen.

Aber damals war das allgemeine Umweltbewußtsein und die Einstellung zu Natur- und Artenschutz bei der Mehrheit der Bevölkerung, auch bei den Terrarianern, deutlich geringer und gleichgültiger. Außerdem existierten fast keine Ein- und Ausfuhrregulierungen für Reptilien, so daß es durch den immer stärker aufkommenden Ferntourismus und der damit gegebenen Möglichkeit, bequem und preiswert in die Herkunftsländer unserer Terrarientiere zu kommen, recht leicht war, „Nachschub" zu bekommen. Für die meisten der damals reisenden und fangenden Terrarianer war der Fang und das Mitbringen möglichst vieler Tiere der Hauptzweck der Reisen. Dadurch sollten einerseits die eigenen Terrarien gut bestückt werden, andererseits aber auch durch den Verkauf/die Weitergabe eines Teiles der Tiere die Reisekosten kompensiert werden. Auch das sollte nicht verschwiegen werden.

Daneben hatten diese Reisen aber den für die Weiterentwicklung der Terraristik unschätzbaren Vorteil, daß die Reisenden in die Biotope kamen und sich dort an Ort und Stelle über deren Beschaffenheit, über die Klimafakten am Orte, über die Einbindung des Tieres in seine natürliche Umwelt wie auch über das spezifische Futter der einzelnen Arten kundig machen konnten. Diese Wissen fand dann in der Praxis der Terrarienkunde seine Umsetzung. Oft wurde es auch durch Veröffentlichungen in Zeitschriften oder durch Vorträge weitergegeben, wodurch es für alle interessierten Terrarianer nutzbar wurde.

Die Herpetologie profitierte zu dieser Zeit von den Ergebnissen dieser Reisen, weil einerseits neue Daten über bereits bekannte Tierarten gesammelt wurden und andererseits viele neue Arten und Unterarten gefunden und beschrieben werden konnten.

Auch in der Terraristik gilt: Nur wer nicht arbeitet, macht auch keine Fehler. Und zwar geschehen um so mehr Fehler, je weniger über die zu pflegenden Arten und ihren Ansprüchen bekannt ist. Wenn man aber die Möglichkeit hat, daß notwendige Wissen zu erwerben und auch in der Praxis gewinnbringend umsetzen kann, dann kommt es auch zu einer erfolgreichen Weiterentwicklung, was für die Terraristik bedeutet, daß man in der Lage ist, die Tiere artgerecht zu pflegen. Und nur wenn diese Voraussetzung erfüllt ist, kann es auch zu Nachzuchten kommen. Ich möchte sogar behaupten, daß die Terraristik und auch die herpetologische Forschung nicht ihren heutigen guten Entwicklungsstand hätten, wenn es schon zu Beginn der siebziger Jahre die heutigen strengen gesetzlichen Bestimmungen über die Tierhaltung und den Im- und Export von Tieren gegeben hätte. Die Möglichkeiten, am Tier zu lernen, wären wesentlich geringer gewesen. Und artgerechte Tierhaltung, besonders bei neu entdeckten und daher vorher noch nie in Gefangenschaft gehaltenen Arten, kann man nur in der Praxis erproben und daran lernen. Dies wollte ich durch diesen kleinen Exkurs aufzeigen.

Bei den ersten, von mir gepflegten - ehrlicher wäre es, „gehältert" zu sagen - *Lampropeltis*, habe ich eine Vielzahl von Fehlern begangen. Der erste grundlegende Fehler ist, daß ich mir

Erfahrungen mit *Lampropeltis*

▲ *L. alterna alterna.*

▲ Aufzuchtanlage.

▶ Teilansicht der Terrarienanlage von Helmut Hansen.
Fotos: Helmut Hansen

über den Tierhandel als zweites Tier eine *Lampropeltis* einer anderen Unterart von getula beschafft habe und diese mit der bereits vorhandenen *L. g. floridana* vergesellschaftet habe. Da beide Tiere aus anderen Lebensräumen kommen, haben sie auch jeweils andere Bedürfnisse in ihrer Haltung. Man kann also im besten Falle nur einer wirklich gerecht werden, während das andere Tier sich so gut als möglich anzupassen hat - falls es dies kann! Dadurch ist aber vorhersehbar, daß mindestens eines der Tiere sich nicht wohl fühlen wird. Dies kann eine Verweigerung der Nahrungsaufnahme bewirken und/oder es kann durch die für die Art nicht optimalen Bedingungen zu Häutungsproblemen und auch zu Krankheiten kommen. Außerdem habe ich zwei männliche Tiere vergesellschaftet, wodurch sich eine eventuelle Nachzucht bekannterweise von vorne herein ausschließt. Abgesehen davon wäre auch eine Hybridisierung nicht wünschenswert. Ich hätte also als zweites Tier mir ein Weibchen der vorhandenen Art beschaffen sollen.

Es war auch falsch, das zweite Tier sofort mit der vorhandenen Schlange zu vergesellschaften. Um eventuelle Krankheiten oder einen Milbenbefall erkennen und gegebenenfalls behandeln zu können, hätte ich das neu erworbene Tier erst einige Zeit zur Beobachtung in einem Quarantäneterrarium unterbringen müssen.

Den nächsten Fehler habe ich begangen, als ich die Tiere gemeinsam im Terrarium mit Mäusen fütterte. Ich hatte zwar gehört, daß *Lampropeltis* auch ophiophag sei, aber dieses erst dann ernst genommen, nachdem ich die Tiere mehrfach trennen mußte, weil sie sich während der Fütterung ineinander verbissen hatten.

Weitere grundlegende Fehler, die bei der Wahl des Terrarium und bei der Einrichtung gemacht worden sind, will ich hier nur kurz nennen.

Durch den im Terrarium angebrachten Infrarotstrahler waren die Tiere einem erheblichen Verbrennungsrisiko ausgesetzt. Dies ist bei mir Gott sei Dank nicht vorgekommen, doch kenne ich einige Fälle, wo die Tiere nicht so viel Glück gehabt haben.

Die Lüftungsgitter waren nur mit Bohrungen von 1 mm Durchmesser versehen, jeweils nur 8 cm breit bei einer Länge von knapp 50 cm. Dies erscheint mir für eine vernünftige Belüftung nicht ausreichend und birgt die Gefahr von Stauluft in sich, was auf Dauer dem Gesundheitszustand der Tiere abträglich wäre.

Auch war das Wassergefäß zu klein, wodurch eine Bademöglichkeit ausgeschlossen war. Zudem war die Verdunstungsfläche zu klein, was bewirkt hat, daß die Luftfeuchtigkeit im Terrarium konstant sehr gering war. Das wiederum könnte Häutungsschwierigkeiten als Folgeerscheinung haben.

Außerdem war die Einrichtung zu wenig strukturiert. Eine nur 5 cm hohe Sandschicht für gerne am und auch im oberen Bodenbereich „wühlende" Arten ist einerseits zu flach, andererseits zu einseitig. Sie hätte beispielsweise duch eine Vermengung mit trockenem Laub unter Einbeziehung von größeren Steinen oder dünnen Korkröhren für die Tiere einen besseren Aufenthaltsort geboten. Nur

Erfahrungen mit *Lampropeltis*

eine und auch noch so groß dimensionierte Versteckmöglichkeit war außerdem zu wenig. Ich hätte mehrere kleinere Unterschlupfmöglichkeiten anbieten müssen, damit jedes Tier einen eigenen Versteckplatz hat, in welchem es sich sicher fühlen kann, weil es Kontakt mit der Wandung hat und sich dadurch geborgen fühlt.

Ich habe vorhin aus der Sicht von vor zwanzig Jahren zu erklären versucht, warum es zu Fehlern bei der Haltung und Pflege der Tiere gekommen ist. Die gemachten Aussagen sind zwar richtig, doch habe ich es unterlassen, in den Erläuterungen auf den wohl schwerwiegendsten und sich negativ auswirkenden Schwachpunkt in aller Deutlichkeit hinzuweisen. Dieser Fehler lag in meiner Person. Er war wohl der wirklich gravierende, weil alle anderen Fehler damit in direktem oder indirektem Zusammenhang stehen: Ich hatte nicht gründlich genug nachgedacht! Ich habe nicht versucht, aus den „Sicht der *Lampropeltis*" deren Bedürfnisse einzuplanen und in der Haltung umzusetzen. Ich habe aus der Sicht des Konsumenten von Tieren gehandelt und nicht aus der des verantwortungsvollen Pflegers. Auch oder besser gerade in der Tierhaltung muß der Terrarianer antizipieren, also alle Eventualitäten vorher überlegen und planen. Denn unsere Pfleglinge sind lebendige Wesen, die nur durch unser Begehren in Gefangenschaft und damit in Abhängigkeit von uns gekommen sind. Ihr Wohlergehen hängt von unserem Wissen, Können und Einsatz ab.

Ich hoffe, daß diese Ausführungen bewirken, daß andere Terrarianer, besonders Anfänger, diese wirklich bösen Fehler im Interesse der Tiere nicht wiederholen werden.

Aus den von mir genannten Fehlern lassen sich die Themenbereiche ableiten, die für den Terrarianer, der *Lampropeltis* pflegen will, besonders wichtig sind:

1) Die Beschaffung der Tiere
2) Eingewöhnung und Quarantäne
3) Art und Einrichtung des Terrariums
4) Die Ansprüche der Tiere
5) Ernährung und Fütterung
6) Die Häutung
7) Die Lebenserwartung der Tiere
8) Krankheiten
9) Die Zucht von *Lampropeltis*.

Die Beschaffung der Tiere

Ich setze voraus, daß der zukünftige *Lampropeltis*-Pfleger sich bewußt ist, daß eine *Lampropeltis* kein Schmuse- und Kuscheltier ist. Sie lebt in der Natur sehr versteckt und braucht auch in der Terrarienhaltung „ihre Ruhe", um artgerecht leben zu können. Die Bereitstellung eines vernünftig eingerichteten Terrarium setze ich ebenfalls voraus. Außerdem sollte sich der Terrarianer vor dem Erwerb von *Lampropeltis* fragen, ob er und auch eventuell Mitbewohner der Räumlichkeiten, in welche *Lampropeltis* „einziehen" soll, mit der bei Schlangen der Gattung obligaten Fütterung mit Mäusen zurecht kommen. Falls dies nicht der Fall ist, ist vom Erwerb einer *Lampropeltis* dringend abzuraten. Ansonsten sind die meisten Arten von *Lampropeltis* gerade auch für Anfänger der Terraristik ideale Pfleglinge.

Die grundlegende Frage beim Erwerb der meisten Arten und Unterarten der Gattung *Lampropeltis* ist: Will ich ein Nachzuchttier oder einen Wildfang erwerben?

Es ist heute durch vielfach gelungene Nachzucht sowohl bei Terrarianern als auch bei berufsmäßigen Schlangenzüchtern - auch diese gibt es und zwar mehr als man denkt - möglich, fast alle Arten von *Lampropeltis* zu erhalten.

Schwierig ist es aber immer noch bei einigen sogenannten seltenen Arten wie z. B. *L. t. gaigeae*, *L. t. micropholis*, *L. t. andesiana* oder auch *L. z. herrerae*. Aber auch hier ist es wie bei vielen Dingen im Leben letztlich nur eine Frage des Preises, den man bereit ist, zu akzeptieren. Das Motto gilt: Ein Tier ist soviel wert, wie jemand bereit ist, dafür zu bezahlen. Daher werden für solche Arten durchaus Summen von 1.000 US-Dollar (oder auch manchmal mehr) verlangt und auch gezahlt. Dabei sind die Tiere meiner Meinung nach gar nicht so selten, sie leben nur sehr versteckt. Auch kommen sehr selten Terrarianer oder auch berufsmäßige Schlangenfänger in ihre Vorkommensgebiete. Diese müssen dann natürlich erst das Glück haben, zur richtigen Zeit am richtigen Ort zu sein, wenn sich eine *Lampropeltis* gerade einmal zeigt. Sie müssen das Tier sehen, es als *Lampropeltis* erkennen und dann auch noch fangen, was auch nicht immer gelingt.

Es ist bei vielen Arten - vor allem der dreifarbigen *Lampropeltis* - in den letzten Jahren zu einem „Preisverfall" gekommen. Tiere, die vor einigen Jahren noch 500,- bis 800,- DM gekostet haben, kann man heute für weniger als die Hälfte erhalten, da sich die einstmals als selten geltenden Arten in den Terrarien ihrer Pfleger stark vermehrt haben. Dieser Preisverfall ist meiner Meinung nach auch einer der Hauptgründe, warum etliche Halter, die jahrelang *Lampropeltis* in oft großen Stückzahlen gehalten, nachgezogen und dann natürlich auch verkauft haben, weitgehend ihr Interesse an den Tieren verloren und sich von ihnen getrennt haben - außer natürlich von

Beschaffung der Tiere

den Arten, die immer noch teuer gehandelt werden. Allgemein ist diese Preisentwicklung insbesondere für Anfänger der Terraristik zu begrüßen, da gerade diese meistens mit ihren finanziellen Mitteln haushalten müssen.

Eine gute Möglichkeit, Nachzuchttiere zu erwerben, hat man durch den Besuch bei den an vielen Orten regelmäßig stattfindenden Terrarianertreffen oder durch das Studium terraristischer Zeitschriften, in denen viele Terrarianer ihre Nachzuchten zum Tausch oder Verkauf anbieten. Um Kontakte zu knüpfen und dadurch Tiere zu erhalten, ist die Mitgliedschaft in einem terraristischen Verein wie der „Deutschen Gesellschaft für Herpetologie und Terrarienkunde" sinnvoll, deren Mitglieder auch in den Zeitschriften des Vereines ihre Nachzuchttiere oft günstig anbieten.

Frischgeschlüpftes Jungtier von *L. zonata multicincta*.
Foto: G. Hilkens

***L. zonata multicincta*..**   Foto: Shawn Mosley

Meine persönliche Devise war es immer, möglichst junge Tiere und zwar möglichst aus Nachzuchten zu erwerben. Der erste Vorteil liegt im bekannten Alter. Einem adulten (ausgewachsenen) Tier kann man das Alter nicht ansehen und daher ist auch nichts über die wahrscheinliche Lebenserwartung zu sagen. Ein gesundes, frisch geschlüpftes (denn *Lampropeltis* legt Eier und ist nicht lebendgebärend) Nachzuchttier hat dagegen bei vernünftiger Haltung und Pflege eine Lebenserwartung von wahrscheinlich mindestens 12 bis 15 Jahren. Außerdem sind Nachzuchttiere in aller Regel gesund und frei von Parasiten. Dagegen ist es oft unvermeidlich, Wildfänge zu erwerben, wenn man Tiere der in Gefangenschaft seltenen Arten haben möchte. Auch ist das Einbringen von fremden Genmaterial durch Wildfänge in bestehende Zuchtgruppen zum Zwecke der „Blutauffrischung" manchmal wünschenswert. Diese Schlangen können natürlich Erkrankungen oder Parasiten haben und sind auf jeden Fall einige Wochen zur Beobachtung einzeln in einem Quarantänebecken zu halten.

Wenn man sich zum Erwerb einer *Lampropeltis* aus Terrarienhaltung entscheidet, sollte man den Verkäufer einiges über das Tier fragen, bevor man dieses selber inspiziert. Dabei ist es gleichgültig, ob es sich um ein ausgewachsenes oder ein junges Tier handelt. Man sollte sich nach dem Lebensbedingungen der Schlange im Terrarium (Temperatur, Beleuchtungsdauer, Wird das Terrarium regelmäßig gesprüht? etc.), nach eventuellen Besonderheiten, nach den Freßgewohnheiten sowie nach den Daten der letzten Häutungen erkundigen. Voraussetzung ist natürlich, daß der Verkäufer ehrlich antwortet. Dies ist leider nicht immer selbstverständlich. So sind auch schon aus den USA importierte Jungschlangen als hiesige Nachzuchten verkauft worden. Daran wäre eigentlich nur schlimm, daß sich der hiesige Verkäufer aus Profit-/Profilierungssucht mit „fremden Federn" schmücken wollte. Dummerweise waren aber einige der damals noch seltenen und daher teuren Arten in den USA durch Bestrahlung unfruchtbar gemacht worden, was sich natürlich erst einige Jahre nach dem Erwerb durch Unfruchtbarkeit bei den dann adulten Tieren gezeigt hat. Dies ist dann nicht nur schlimm, sondern auch schon kriminell. Wenn auch solche Fälle Gott sei Dank die absolute Ausnahme darstellen, sollte man sich vielleicht auch über den Anbieter informieren, bevor man Tiere erwirbt.

Falls man ein Jungtier erwerben will, ist es vor allem für Anfänger sinnvoll, sich die Elterntiere zeigen zu lassen. Dadurch bekommt man eine Vorstellung, wie das Tier in zwei oder drei Jahren aussehen wird. Manche raten auch dazu, sich zeigen zu lassen, daß das Tier frißt. Dieses lehne ich aber ab. Denn einerseits ist es nicht gesagt, daß eine ansonsten gut fressende Schlange gerade zur Zeit des Schaufütterns fressen will, andererseits können Probleme auftreten, nachdem das Tier gefressen hat. Wird es dann nämlich gekauft, verpackt und transportiert, ist die Schlange einem ziemlich großen Streß ausgesetzt, der leicht zum Auswürgen der Mahlzeit führen kann, was wiederum dem Wohlbefinden der Schlange nicht gut tut. Ich habe es zwar selten erlebt, aber es kann bei einem solchen Vorgehen passieren, daß eine zuvor gut fressende Schlange danach die Futteraufnahme hartnäckig verweigert.

Schlangen der Gattung *Lampropeltis* sind zwar meistens weitgehend gesund, aber man sollte, wie auch Perlowin 1992 und Applegate 1992 aufführen, gewisse Grundregeln bei ihrem Erwerb wie bei dem jeder Schlange dennoch beachten.

Um unangenehme Überraschungen nach dem Kauf möglichst zu vermeiden:

1) Betrachte das Terrarium. Ist es sauber? Ist der Wasserbehälter sauber? Sind Milben zu sehen? (Dies sind sogenannte Ektoparasiten = Außenschmarotzer. Sie zeigen sich als kleine, schwarze Tiere, die die Größe eines Stecknadelkopfes haben.) Sind breiige Kotreste zu sehen, die auf eine Erkrankung des Magen-Darm-Traktes hinweisen würden? Sind im

Beschaffung der Tiere

Terrarium grünliche Ausscheidungen zu sehen, eventuell mit weißen vermischt? Daraus könnte man auf eine Erkrankung der Nieren schließen, denn Schlangen scheiden ihren Harn in fester Form als weiße Substanz aus. Eine grünliche Verfärbung deutet eben auf eine Erkrankung der Nieren hin.

2) Betrachte die Schlange. Ein gesundes Tier wirkt bei leicht zylindrischem Querschnitt prall, „rund". Es dürfen keine Falten an den Seiten und vor allem nicht längs der Wirbelsäule zu sehen sein. In der Ruhestellung liegt eine Schlange zusammengerollt da. Achte auf Wunden, Narben und Häutungsreste. Falls die Schlange öfters in recht kurzen, regelmäßigen Abständen „gähnt", deutet dies auf eine Lungenerkrankung hin.

3) In die Hand genommen, zeigt sich eine gesunde *Lampropeltis* aktiv. Mit kräftigen Muskelbewegungen versucht sie zu entweichen. Es ist eine Mischung aus einem „sich durchringeln" und einer „Vorwärts-Rückwärts-Bewegung" der Schlange. Fühlt sich eine *Lampropeltis* in der Hand „schlaff" an, ist sie mit sehr großer Wahrscheinlichkeit krank.

4) Untersuche das Tiere auf Rippenbrüche, Körpereinwölbungen und Knoten unter der Haut. Letztere lassen einen Befall mit Bandwurmlarven vermuten. Sieht man etwas? Fühlt man etwas, wenn man das Tier durch die Finger gleiten läßt?

5) Betrachte die Augen. Sind sie klar? Außer natürlich zur Zeit der Häutung, wo die Augen gräulich-bläulich getrübt erscheinen. Sind sie frei von Häutungsresten (Augenkappen)?

6) Betrachte die Kloakenregion (After). Das Analschild muß flach anliegen und sollte unverletzt sein. Sind Schwellungen vorhanden? Sieht man Kotverschmierungen, welche auf ein „gestörtes Innenleben" hinweisen würden?

7) Untersuche das Tier auf Zecken- und Milben. Beide Schmarotzer sind blutsaugend. Aber vor allem Milbenbefall kann wegen des hohen Blutverlustes durch die in großer Zahl auftretenden Schmarotzer und auch wegen der Gefahr von Infektionen lebensbedrohlich sein. Sie sitzen besonders gerne unter den Augenschildern, in der Kinnfalte und im Kloakenbereich. Ein Hinweis für Milbenbefall kann das Erkennen der Ausscheidungen der Milben sein. Milbenkot zeigt sich durch kleine, weiße Fleckchen auf dem Tier. Er ist also besonders gut auf den braunen und schwarzen Farbbereichen der *Lampropeltis* zu sehen. Nachdem man die Schlange inspiziert und in ihr Terrarium zurückgesetzt hat, betrachte man seine Hände. Sind dort Milben zu sehen?

8) Untersuche das Maul der Schlange. Öffne es mit einem stumpfen Gegenstand. Oder besser, inspiziere erst einen Kieferast, indem man die Unterkieferhaut herunterzieht und dann den nächsten. Sind im Maul Verfärbungen zu sehen? Liegt ein käsiger Belag im Maul, der ebenso auf eine Mundfäule (Stomatitis) hindeutet wie rote Flecken auf der Mundschleimhaut. Sind blutige Stellen zu sehen, die auf eine Infektion hinweisen?

9) Untersuche die Bauchseite der Schlange auf Verfärbungen. Rötliche Einlagerungen in/auf den Schuppen oder der Haut deuten auf einen Pilzbefall (Mykose) hin.

Nach dem Umgang mit einer Schlange sollte man sich die Hände desinfizieren, damit nicht eventuell Krankheiten übertragen werden können. Auch Geräte wie Schlangenhaken und Pinzetten sollten regelmäßig nach Gebrauch desinfiziert werden. Es versteht sich von allein, daß in der Quarantäne gesondertes Handwerkszeug Verwendung findet.

Wenn sowohl die Fragen an den Verkäufer der Schlange als auch die neun aufgeführten Kri-terien zur Zufriedenheit positiv beantwortet werden können, kann man das Tier wohl getrost erwerben. Zwar kann es keine einhundert prozentige Garantie geben, aber doch eine hohe Wahrscheinlichkeit, daß das dann erworbene Tier die gestellten Erwartungen nicht enttäuschen wird.

Zum Transport der *Lampropeltis* nimmt man am besten einen Leinensack. Aus Gründen der Hygiene sollte es entweder jeweils ein unbenutzter oder zumindest ein frisch gewaschener (Kochwäsche!) Sack sein. Bevor man das Tier hineingibt, sollte man die Stabilität der Nähte überprüfen, indem man von innen mit der Faust gegen diese drückt. Eine undichte Stelle wird von der Schlange schnell zur Flucht genutzt. In den Sack kann man noch etwas Papier geben, damit die Schlange unterschlüpfen kann. Den Sack verschließt man am sichersten, indem man ihn mit mehreren (falls eines zerreißt) Gummibändern oder einer Schnur abbindet. Damit sich die Schlange nicht durch die Verschnürung zwängen kann, sollte man das verschlossene Ende noch einmal umklappen und erneut abbinden. Dabei ist darauf zu achten, daß man die Schlange nicht mit verschnürt, was auch schon vorgekommen ist.

Eingewöhnung und Quarantäne

Jede neu erworbene Schlange sollte für die Dauer von acht, besser zwölf Wochen in Quarantäne gehalten werden, bevor das Tier mit dem bereits vorhandenen Tierbestand vergesellschaftet wird.

Lampropeltis triangulum blanchardi.   Foto: J. Tashijan

Eingewöhnung und Quarantäne

Während dieser Zeit hat man Gelegenheit festzustellen, ob das Tier frißt, die Nahrung gut verdaut und frei von Krankheiten und Parasiten ist. Außerdem bietet sich gegen Ende dieser Zeit die Möglichkeit, die Schlange an eine Manipulation (in die Hand nehmen) durch den Menschen zu gewöhnen. Ich vertrete den Standpunkt, daß man Schlangen nur bei wirklicher Notwendigkeit in die Hand nehmen soll. Aber diese ergibt sich von Zeit zu Zeit zwangsläufig: Bei einer Grundreinigung des Terrarium, zur Untersuchung der Schlange, beim Umsetzen zu Paarungszwecken etc.. Die meisten Arten von *Lampropeltis* sind zwar vom Naturell her ruhige, wenig beißfreudige Tiere, aber bei einigen Unterarten von *L. triangulum* aus Mittel- und Südamerika sowie bei *L. g. californiae* und *L. g. holbrooki* ist vor allem bei Wildfängen Vorsicht geboten. Es ist meiner Meinung nach falsch, dieses Verhalten aggressiv zu nennen. Sie sind eben etwas „nervöser", unruhiger, fühlen sich leichter bedroht und versuchen sich durch einen Abwehrbiß - der schmerzhaft sein kann - zu verteidigen. Bei Markel 1990 ist eine *L. t. hondurensis* abgebildet, die den vorderen Teil ihres Körpers S-förmig zum Abwehrbiß aufgerichtet hat. Dieses beeindruckende Verhalten findet man zumeist nur bei Wildfängen und es verliert sich fast immer im Laufe der Terrarienhaltung.

Während der Quarantäne sollten die Schlangen nach Möglichkeit in einem separaten Raum untergebracht werden. In der Quarantäne sollte man ausschließlich dafür bestimmte Geräte wie Futterpinzette, Kotlöffel, Knopfsonden zur Geschlechtsbestimmung, Trinkgefäße, Unterschlupfmöglichkeiten und Terrarien verwenden, da ansonsten die Gefahr gegeben ist, daß durch die Gerätschaften Krankheiten in die eigentliche Terrarienanlage übertragen werden. Daher darf vor allem die Hygiene nicht vernachlässigt werden. Jedes Quarantäneterrarium muß desinfiziert worden sein, bevor es mit einer Schlange besetzt wird. Jedes Gerät sollte nach Gebrauch desinfiziert werden. Der Pfleger sollte sich nach jedem Umgang mit den sich in Quarantäne befindlichen Schlangen die Hände desinfizieren und danach gründlich waschen. Handelsübliche Desinfektionsmittel sind meistens ausreichend. Nur so ist einer eventuellen Übertragung von Krankheiten vorzubeugen. Leichtsinn und Nachlässigkeit haben sehr schnell böse Folgen, für die Schlangen den Tod und für den Terrarianer leere Terrarien und auch finanziellen Verlust. Sauberkeit muß in der Quarantäne oberstes Gebot sein!

Als Quarantänebecken ist jedes einfach zu reinigende Terrarium geeignet, sei es aus Glas oder aus Kunststoff. Es muß nur sicher schließen, da *Lampropeltis* gerne ihren „Wohnbereich" erkundet und mit Sicherheit jedes (Aus-) Schlupfloch findet und dann auch nutzen wird. Und eine entwichene *Lampropeltis* wiederzufinden ist meistens eine Frage von Geduld und Glück. Falls man doch einmal ein entwichenes Tier wieder einzufangen hat, kann man es - abgesehen durch Suchen - mit einer „Mausefalle" versuchen. Damit ist ein Behältnis gemeint, in welchem sich eine Futtermaus und ein Unterschlupf befinden und das ganz oder teilweise aus Drahtstäben

Eingewöhnung und Quarantäne

besteht. Diese dürfen nur soweit auseinanderstehen, daß sich die Schlange zwar hineinzwängen kann, aber nach dem (hoffentlichen) Verzehr der Maus nicht mehr hinaus kann. Eventuell wird die Schlange den Unterschlupf zur Verdauungsruhe nutzen. Dies ist absolut kein sicheres Mittel, aber im Bedarfsfalle einen Versuch wert.

Die Einrichtung eines Quarantäneterrarium sollte sich auf das Notwendigste beschränken. Es muß ein Bodengrund vorhanden sein, damit das Tier nicht auf dem kalten Glas- oder Plastikboden liegen muß. Außerdem bindet er gleichzeitig die Ausscheidungen der Schlange. Weiter sollten lediglich ein Trinkgefäß und eine Versteckmöglichkeit vorhanden sein. Das Trinkwasser sollte möglichst täglich gewechselt werden, spätestens aber dann, wenn im Wasser Verunreinigungen zu sehen sind. Die Schlangen sollten einen Tag-Nacht-Rhythmus durchleben können. Wenn der Quarantäneraum kein Fenster hat, wodurch der normale Tageszyklus gewahrt ist, muß für Beleuchtung gesorgt werden. Außerdem muß im Terrarium eine adäquate Temperatur herrschen. Diese liegt tagsüber bei 24 bis 28 °C und nachts bei 16 bis 18 °C.

Als Bodengrund hat sich für eine Quarantäne der Gebrauch von Zeitungs- oder von Haushaltspapier („Küchenrolle") bewährt, weil es leicht zu wechseln ist und die Ausscheidungen gut aufsaugt. Ich bevorzuge weißes Haushaltspapier, weil auf diesem Milben und auch Einfärbungen der Exkremente besser zu sehen sind. Darauf muß geachtet werden!

Der Unterschlupf kann z. B. ein Stück Kork oder auch ein Blumentopf aus Ton sein. Er sollte von der Größe aber so bemessen sein, daß die zusammengerollte Schlange mit der Wandung Kontakt haben kann und sich somit sicher fühlt. Notfalls kann man auch „zusammengeknuddeltes" Papier verwenden.

Es hat sich als hilfreich erweisen, vom Zeitpunkt des Erwerbes einer Schlange an alle wichtigen Daten über Futteraufnahme, Koten, Häutungen, Auffälligkeiten zu protokollieren. Nach dem Erwerb setzt man die Schlange in das vorbereitete Quarantäneterrarium und läßt sie drei oder vier Tage völlig in Ruhe. Man wechsle lediglich das Trinkwasser und beobachte, ob Milben im Terrarium zu sehen sind. Danach bietet man der Schlange eine möglichst kleine Maus als Futter an. Der Begriff „möglichst klein" ist relativ und hängt von der Körperdicke der Schlange ab. Als Faustregel für die Größe/Dicke eines Futtertieres gilt, daß es 2 bis (aber maximal!) 3 mal so dick sein darf wie die dickste Stelle des Körpers der Schlange. Unter „möglichst klein" versteht man eine Futtermaus, die einen deutlich geringeren Körperdurchmesser als die Schlange hat. Sie sollte nach dem Verzehr durch die Schlange nicht als Verdickung im Schlangenkörper zu sehen sein. Wir nehmen an, daß die Schlange die Maus frißt. Was man machen kann, wenn die *Lampropeltis* die Futteraufnahme verweigert, wird im Abschnitt über die Ernährung behandelt.

Nach dem Fressen der Maus gibt es zwei Möglichkeiten. Entweder wird die Maus von der Schlange verdaut und als Kot ausgeschieden oder sie wird ausgewürgt.

Erbrechen der Nahrung kann durch Beunruhigung der Schlange verursacht werden.

Der Pfleger muß überlegen, ob das Tier so gravierend gestört wurde, daß es erbrochen hat. Anderenfalls läßt das Erbrechen auf eine Erkrankung des Magen-Darm-Traktes, z. B. Gastroenteritis, schließen. In einem solchen Falle muß veterinärmedizinische Hilfe gesucht werden.

Wird die Maus verdaut und ausgeschieden, ergeben sich wiederum zwei Möglichkeiten.

1) Der Kot sieht „gut" aus. Dann er ist fest, bräunlich, rollenförmig, matt glänzend, ohne Schleim.

2) Der Kot ist wässerig, mehr oder weniger flüssig (aber eben nicht fest), schleimig und/oder blutig. In einem solchen Falle liegt sicher eine Erkrankung des Magen-Darm-Traktes vor und veterinärmedizinische Hilfe ist unumgänglich. Außerdem ist der zumeist mit dem Kot ausgeschiedene Harn zu betrachten. Wie schon an anderer Stelle erwähnt, wird er in fester Form als weißliche Substanz ausgeschieden. Zeigt er grünliche Verfärbungen oder ist er breiig oder schlierig, deutet dies auf eine Erkrankung der Nieren oder zumindest der Harnwege hin. Es empfiehlt sich auf jeden Fall, eine Kotprobe von einem Veterinär oder bei einer medizinisch-biologischen Untersuchungsstelle untersuchen zu lassen. Im Falle von Auffälligkeiten der Ausscheidungen ist eine Untersuchung unumgänglich!

Wenn die *Lampropeltis* die Maus gut verdaut hat, was bei der richtigen Temperatur ungefähr drei bis fünf Tage dauert, wird ihr das nächste Futter angeboten. Dieser Fütterungsrhythmus hat sich bewährt.

Während der Quarantäne muß man auch beobachten, ob die Schlange sich gut häutet.

Die Häutung muß in einem Stück erfolgen. Ein Verbleiben der Augenkappen oder eine Fetzenhäutung deuten auf Mangelerscheinungen, zu trockene Luft oder Milbenbefall hin. Neben Milben tritt vor allem bei Wildfängen gelegentlich Zeckenbefall auf. Durch Beobachtung der Schlange sind diese aber zu entdecken und dann zu entfernen.

Die Beobachtung des Verhaltens der *Lampropeltis* ist während der Zeit der Quarantäne wichtig. Liegt die Schlange aufgerollt in ihrem Versteck? Bewegt sie sich „schlängelnd", fließend? Züngelt sie regelmäßig? Wenn nicht, liegt wahrscheinlich eine Erkrankung vor. Ebenso wenn das Tier häufig „gähnt". Stößt/beißt die Schlange beim Beutefang sicher zu? Wenn nicht, kann sie an einer Störung der Sinnesorgane oder an einem hirnorganischen Befall durch z. B. parasitäre Larven leiden. Ein häufiges Beobachten neu erworbener Tiere ist unerläßlich!

Erst wenn die *Lampropeltis* problemlos Nahrung aufnimmt und verdaut, ihre Häutung ohne Beeinträchtigung abläuft, ihr Verhalten zu keinen Bedenken Anlaß gibt, man durch Beobachtung des Tieres und durch ein negatives Ergebnis der Kotprobe sicher ist, daß die Schlange gesund ist, kann sie aus der Quarantäne entlassen und in die eigentliche Terrarienanlage umgesetzt werden.

In Quarantänebecken lassen sich Wildfänge während der Eingewöhnungszeit gut bobachten.

▲ *L. mexicana mexicana.* Foto: G. Hilken

▼ *Lampropeltis pyromelana woodini* **beim Schlupf.**
Foto: G. Farro

Eingewöhnung und Quarantäne

Art und Einrichtung der Terrarien

Die grundlegende Frage ist: Will ich eine sterile Haltung oder dekorativ eingerichtete Terrarien haben?

Die sterile Haltung hat den Vorteil der leichten Kontrolle und der großen Hygiene. Dabei werden die Minimalbedürfnisse der Tiere erfüllt. Es wird ihnen Wasser, Futter, ein Unterschlupf, die notwendige Temperatur und ein Tag-Nacht-Zyklus geboten.

Diese Art der Haltung wird meistens von Haltern vieler Tiere bevorzugt, deren Bestreben auf maximale Übersicht bei minimalem Aufwand zum Zwecke der Zucht in großen Stückzahlen gerichtet ist. Mir drängt sich der Begriff des „Profis" auf; diese Art der Haltung - auch wenn durch sie unbestritten sehr gute Nachzuchtergebnisse erzielt werden - erinnert mich an die Batteriehaltung in Hühnerfarmen, die ich ablehne. Es ist für mich eine Hälterung, ein Fortführen der Quarantänebedingungen. In der Natur lebt keine *Lampropeltis* so und ich kann mir auch nicht vorstellen, daß sie es freiwillig tun würde. Aus ethischen Gründen, aus Respekt vor dem Tier kommt für mich eine solche Haltung als Dauerzustand nicht in Frage. Sie kann lediglich zur Quarantäne oder zur besseren Observation und Behandlung im Krankheitsfalle von mir akzeptiert werden.

Bei dieser Art der Haltung werden meistens Plastikterrarien benutzt. Da diese oft nur eine Lüftung im Deckel haben, sollte man mindestens in eine Seitenwand einige kleine Löcher bohren, damit Stauluft vermieden wird. Spitzen oder Grate sind zu entfernen, damit keine Verletzungen auftreten können. Als Bodensubstrat werden häufig entweder Papier oder Holzspäne verwandt. Beides saugt die Exkremente gut auf und ist leicht zu wechseln. Die Becken werden meistens in Regalen nebeneinander gestellt, wobei der hintere Teil durch eine Bodenheizung leicht temperiert wird. Die Beleuchtung geschieht zumeist durch Leuchtstoffröhren. Verwendung finden auch die im Fachhandel erhältlichen Aquarien- und Terrarienleuchten. Werden Metallregale verwendet und sind die Leuchtstoffröhren in den Regalen montiert, kann die Wärme der Drosselspule der Röhre zur Bodenerwärmung des darüberstehenden Beckens genutzt werden. Heizungs- und Beleuchtungsdauer regelt man am einfachsten durch den Einsatz von Zeitschaltuhren. Als Unterschlupf können Tonhöhlen aus dem Aquaristikhandel, Blumentöpfe aus Ton, in welche ein Schlupfloch gebrochen wurde, Korkstücke oder Korkröhren benutzt werden. Mir sind auch Fälle bekannt, wo leere Plastikdosen benutzt wurden. Auch das geht, wird von mir aber aus Gründen der Ästhetik für meine Terrarien abgelehnt. Wichtig ist aber, daß sich die Schlange im Unterschlupf geborgen fühlt. Er darf also nicht zu groß sein, damit das Tier noch Körperkontakt mit der Wandung halten kann.

Das Wasser im Trinkgefäß sollte möglichst täglich gewechselt werden. Als Gefäß bevorzuge ich Tonnäpfe mit glasiertem Boden. Diese geben durch ihre Wandung auch etwas Feuchtigkeit in das Innere des Terrarium ab, während durch die Glasur des Bodens kein Wasser in den Bodengrund des Terrarium sickert. Manche Schlangenhalter verwenden Plastikgefäße mit Deckel, in den lediglich ein Einschlupfloch geschnitten ist. Dadurch soll der Verdunstung vorgebeugt werden, damit das Wasser nicht so oft ersetzt werden muß. In der Regel werden die Schlangen bei dieser Art der Haltung einzeln gehalten. Dadurch ist ein risikoloses Füttern möglich. Sie werden lediglich zur Paarung vergesellschaftet.

Züchter, die in der beschriebenen Weise ganze Räume nur mit *Lampropeltis* und eventuell anderen Schlangen aus den gleichen Gegenden besetzt haben, temperieren oft den ganzen Raum. Tagsüber heizen sie ihn auf und kühlen ihn bei Nacht oder zur Überwinterung ab.

Mir gefallen eingerichtete Terrarien aber einfach besser. Diese müssen selbstverständlich auch die Grundbedürfnisse erfüllen, sind aber durch ihre Gestaltung optisch schöner, naturnaher und für die Tiere daher artgerechter. Die meisten Arten von *Lampropeltis* lassen sich so in Gruppen halten. Auch wenn sie in der Natur Einzelgänger sind und außer zur Paarung alleine leben, sehe ich darin keinen Widerspruch, da die Terrarienhaltung Naturwiedergabe auf komprimiertem Raum bedeuten sollte. Außerdem überwintern viele Arten von *Lampropeltis* gemeinsam mit anderen Schlangen, ohne daß *Lampropeltis* ihrer kannibalistischen Gepflogenheit frönt. Für den Terrarianer bedeutet es auf jeden Fall etwas mehr Arbeit, zudem können die Tiere versteckter leben, was ihrer Natur mehr entspricht. Für den Betrachter sind sie dadurch aber seltener und auch schwerer zu entdecken. Als Terrarium wird meistens ein Vollglasbecken verwendet. Aber man kann auch Becken aus Holz, Kunststoff oder beschichteten Spanplatten verwenden. Letztere sollten auf jeden Fall vollständig mit einer Kunststoffoberfläche beschichtet sein, da nach meiner Erfahrung bei unbeschichteten Spanplatten wegen der Bindemittel, welche die Holzspäne verkleben, Vorsicht geboten ist. Zumindest bei einigen Fabrikaten ist mir bekannt, daß sie toxische - also giftige - Dämpfe abgeben. Todesfälle von Reptilien sind bekannt!

Die Größe des Terrarium ist in Abhängigkeit von den räumlichen und auch den finanziellen Möglichkeiten des Terrarianers zu sehen. Grundlegend ist aber die Einstellung des Terrarianers zu seinem Hobby und zu seinen Tieren. Will er die Tiere hältern oder halten und pflegen? Zu Haltung und Pflege gehört für mich eine möglichst artgerechte Unterbringung. Dazu gehört auch, daß ich den Tieren eine Möglichkeit zur Fortbewegung biete, die zumindest etwas mehr ausmachen sollte, als sich nur in kleinen Plastikterrarien mehr oder weniger um sich selber drehen zu können. Dabei ist mir durchaus klar, daß Schlangen diese Möglichkeiten relativ selten nutzen. Ein Terrarium für zwei bis vier adulte Lampropeltis sollte schon 100 cm x 50 cm x 50 cm (L x B x H) als Mindestgröße haben. Bei einigen Arten, die durchaus 150 bis 180 cm Körperlänge (siehe Artenteil) erreichen können, sollte das Terrarium noch mindestens 20 bis 40 cm länger sein.

Jungtiere und subadulte Schlangen sind natürlich in entsprechend kleineren Terrarien unterzubringen. Vor allem Jungtiere sollte man einzeln halten und aufziehen, da diese als Schlangenfresser auch vor Kannibalismus unter Geschwistern aus dem gleichen Gelege nicht Halt machen.

xiglas oder ähnliches schiebt, den die *Lampropeltis* nicht wegdrücken kann.

Die Türen/ Schiebescheiben sollten auf einem Sockel von mindestens 15 cm Höhe stehen, damit ein ausreichend tiefer Bodengrund in das Terrarium eingebracht werden kann, der den Schlangen erlaubt, im Substrat zu wühlen. Es sollte eine Ober- und eine Seitenlüftung vorhanden sein, um eine geringe Umluft zu

L. triangulum oligozona.   Foto: Stephen Hammack

Das Terrarium hat meistens entweder verschließbare Türen oder Schiebescheiben in der Front. Bei letzteren ist zu bedenken, daß sich zwischen den beiden Scheiben immer ein Spalt befindet, den die Schlange als Ausbruchsmöglichkeit nutzen kann. Schlangen können sich erstaunlich „abplatten". Dem kann man vorbeugen, indem man in diesen Spalt einen schmalen Streifen aus Glas, Ple-

ermöglichen. Als Material für die Lüftungen hat sich gelochtes Aluminiumblech bewährt, wobei die einzelnen Lochungen schon 2 mm Durchmesser haben sollten. Man kann auch sogenannten Fliegendraht (nicht den aus Kunststoff!) benutzen. Der Vorteil eines Lüftungsgitters aus Metall liegt in der Haltbarkeit und der Möglichkeit, über der Oberlüftung eines Stahler (60W) anzubringen. Dieser lie-

Terrarien

Terrarienanlage von Helmut Hansen. Foto: Helmut Hansen

fert eine punktuelle Wärmequelle, aber ohne für die Tiere eine Verbrennungsmöglichkeit darzustellen. Ungefähr 20 bis 30 cm darunter sollte man eine Liegefläche für die Tiere einrichten, damit sie die Wärmestrahlung bequem aufnehmen können. Außerdem lassen sich sehr leicht Kabel und Schläuche durch die Aluminiumbleche leiten, indem man mit Hilfe eines Schraubenziehers, eines Körners oder notfalls einer Bohrmaschine ein entsprechend großes Loch schafft und das Kabel/den Schlauch hindurchführt. Danach wird die Durchlaßstelle von beiden Seiten mit etwas (am besten transparentem) Silikonkautschuk sicher und dauerhaft verklebt.

Neben dem genannten Punktstrahler wird das Terrarium durch eine Leuchtstofflampe oder auch der schon genannten Kuchenformlampe (40W) beleuchtet, wobei letztere den Vorteil einer zusätzlichen geringen Wärmestrahlung hat. Will man einen Strahler oder einen Infrarotwärmestrahler innerhalb des Terrarium anbringen, so ist dieser in einem Sicherheitsabstand von mindestens 10 cm mit Metalldraht zu ummanteln, damit die Schlangen keinen direkten Kontakt (Verbrennungen) mit der Wärmequelle bekommen können. Die Maschenweite ist so zu wählen, daß es den Tieren unmöglich ist, sich hindurchzuzwängen.

Das Terrarium sollte bei Tage eine Temperatur von ca. 24 bis 28 °C, bei Nacht von 16 bis 18 °C haben. Die Regelung der Beleuchtung und der Heizungen erfolgt am besten durch elektrische Zeitschaltuhren. Auf die Zeitdauer kommen wir im Abschnitt über die Ansprüche von *Lampropeltis* zu sprechen. Natürlich gibt es im Terrarium wärmere und kühlere Stellen, so kann es lokal unter dem Strahler durchaus 32 bis 34 °C warm sein. Neben der Temperierung durch Strahler kann man Teile des Bodens mittels einer Heizmatte oder eines -kabels erwärmen. Das Zuleitungskabel kann durch die Seitenlüftung geführt werden. Wichtig ist, daß das Kabel im Terrarium sicher fixiert wird. Dabei ist weniger an ein direktes Verletzungsrisiko für das Tier gedacht als vielmehr an ein indirektes. Wenn es der Schlange gelingt, das Kabel aus seiner vorgegebenen Lage zu entfernen, kann es zu Beschädigungen am Kabel z. B. durch scharfe Kanten von Steinen kommen, wodurch die Gefahr eines Kurzschlusses gegeben ist, dessen Folgen dann auch die *Lampropeltis* schädigen können. Daher sollten die Zuleitungen an den Seiten und/oder dem Boden verklebt werden und dann am besten noch mit einer dünnen Schicht aus z. B. Gips bedeckt werden, denn nur dann sind sie für die Tiere nicht erreichbar und somit gefahrlos. Natürlich muß die Haltbarkeit der Konstruktion bei der regelmäßigen Grundreinigung des Terrarium (1 oder 2 x pro Jahr) überprüft und gegebenenfalls nachgebessert werden. Das Heizkabel muß so verlegt sein, daß die Windungen sich nicht überlagern. Es muß in lockeren Schlaufen liegen, damit es zu keinen Überhitzungen und damit verbundenen Beschädigungen des Kabels kommen kann. In meiner Terrarienanlage hat es sich bewährt, Heizkabel und -matten auf eine dünnen Schieferplatte zu legen und sie dann mit einer weiteren abzudecken. Diese Platten verhindern den direkten Kontakt zwischen Schlange und Heizquelle und bewirken zudem eine gleichmäßige Wärmeverteilung. Die Schieferplatten beziehe ich von einem Dachdecker, der auch noch froh ist, für ihn nicht nutzbare Bruchstücke „entsorgt" zu bekommen.

Ein Beispiel aus der Reihe „Durch Schaden wird man klug": Ich hatte unter ein Vollglasterrarium (Grundfläche 120 cm x 50 cm) eine Heizmatte (70 cm x 30 cm, 35W) gelegt. Im Frühjahr des dritten Jahres fiel mir auf einmal das merkwürdige Verhalten der *Lampropeltis* auf. Die Tiere lagen nur noch auf dem ca. 15 cm hohen Bodensubstrat aus Rindenmulch und hielten sich nur noch an den Wandungen des Terrarium auf. Sie bewegten sich sehr schnell, wirkten dabei teilweise unkontrolliert, schlugen mit den Köpfen gegen die Scheiben. Da es ja ein in Haltung und auch Nachzucht bewährtes Terrarium war, an dem nichts geändert worden war, mußten die sich in Paarungslaune befindlichen Schlangen „nicht mehr normal" sein. Als dieses Verhalten am dritten Tag noch anhielt, kamen mir aber endlich (und noch rechtzeitig) Bedenken, ob es nicht doch Gründe haben müsse, die außerhalb der Tiere lagen und ihr merkwürdiges Verhalten nur das offensichtliche Ergebnis einer anderen Störung sei. Eine dann endlich erfolgte Inspektion des Terrarium ergab, daß die Heizmatte defekt geworden war und überhitzte. Als sichtbares Resultat war der Glasboden vollständig gerissen. Eine Messung im Rindenmulch ergab eine Temperatur von über 50 °C, was auch für wärmeliebende, wechselwarme Schlangen „etwas" viel ist. Ich habe zwei Fehler begangen: Erstens habe ich der Technik zu sehr vertraut und diese zu wenig überprüft. Zweitens habe ich eine extreme Verhaltensänderung der Tiere zuerst diesen zugeschrieben, anstatt die Ursache im Umfeld zu suchen. Merke: Auffällige Verhaltensveränderungen der Tiere haben meistens externe Ursachen.

Als weiteres brauchen die Schlangen Versteckmöglichkeiten, mindestens eine für jedes sich im Terrarium befindliche Tier. Mögliche Arten von Verstecken wurden schon aufgezählt; wichtig ist die richtige Größe, damit die Schlange Kontakt zur Wandung und damit Sicherheit hat. Die Verstecke müssen zwar sicher in den Bodengrund eingefügt sein, aber zur Kontrolle dennoch leicht zugänglich bleiben.

Daneben ist ein Wassergefäß unerläßlich. Dies muß wegen der notwendigen Wasserwechsel und der Reinigung leicht herauszunehmen sein. In manchen Terrarien habe ich kleine Badebecken für die Schlangen gesehen, deren Wasser mittels eines Aquarienfilters gereinigt wurde. Daher habe ich die einzuleitenden Schläuche erwähnt, die in einem solchen Falle wie die Kabelzuleitungen zu sichern sind. Durch diese Badebecken wird eine relativ hohe Luftfeuchtigkeit erzeugt. Daraus ergibt sich zwangsläufig, daß dies hauptsächlich etwas für *Lampropeltis*-Arten aus feuchteren Biotopen ist.

Als Bodengrund kann man Rindenmulch, Sand, Torf-Sand-Gemisch, trockenes Laub, Moosplatten etc. verwenden. Ich habe auch schon roten Lehm verwandt, welchen ich teilweise mit etwas Sand oder Kies vermengt und gelockert habe. Dieser Lehm läßt sich sehr schön zu Höhlen und Gängen ausformen. Er hat aber den Nachteil, daß er durch Wasserzufuhr (z. B. beim Sprühen) aufweicht und sich eventuell in den Nasenöffnungen der Schlangen festsetzen kann. Die Wahl des Substrates ist abhängig vom ursprünglichen Biotop der *Lampropeltis*, die in dem Terrarium gepflegt werden soll. Wichtiger als die Art des Substrates ist, daß die Bodenschicht ausreichend dick ist (mindestens 15 cm), damit *Lampropeltis* sie „durchwühlen" kann. In das Bodensubstrat sollte man größere Steine, Wurzeln, Korkröhren, Korkstücke oder ähnliches einarbeiten, damit *Lampropeltis* auch „unterirdische" Versteckplätze finden kann. Außerdem kann ihr die Häutung erleichtert werden, wenn sie an den Gegenständen vorbeikriechen kann. Schwerere Dinge, wie z. B. Steine, müssen fest und sicher auf dem Terrarienboden liegen, damit sie nicht verrutschen können.

Viele Arten von *Lampropeltis* kommen aus steinigen und/oder bewaldeten Biotopen. Es ist also naheliegend, auch ins Terrarium Wurzeln, Kork (Röhren oder Stücke), größere Steine als Unterschlupf oder Steinanhäufungen einzubringen. Diese müssen sicher befestigt sein, damit sie nicht durch das Graben der Schlange verrutschen, diese verletzen oder töten können. Man sollte nicht zögern, Steine und Wurzeln durch Verkleben zu fixieren. Stein- oder Schieferplatten sollten immer auf mehreren dicken, auf dem Terrarienboden liegenden Steinen gelagert werden. Die Schlange hat dann die Möglichkeit, sich auch unter den Platten eine Höhlung zu schaffen. Sie kann aber nicht von der Platte erschlagen werden, vor allem dann nicht, wenn die Steine auf dem Glasboden mit Silikonkautschuk oder Gips festgeklebt sind. Wen etwa zu sehende Klebereste stören, kann ja den noch nicht getrockneten Kleber mit etwas Sand bestreuen. Dann ist auch dem optischen Empfinden des Pflegers gedient.

Will man Pflanzen in das Terrarium einbringen, müssen auch diese sicher befestigt werden. Die Art der Pflanze hängt vom Herkunftsgebiet der *Lampropeltis* ab: Kommt das Tier aus einem trockenen oder eher feuchten Gebiet? Stammt es aus dem nördlichen oder eher aus dem subtropisch/tropischen Teil des Verbreitungsgebietes? Es müssen aber auf jeden Fall robuste, widerstandsfähige Pflanzen sein wie z. B. Agaven, Dickblattgewächse, eventuell Farne, Sansevieria oder Philodendron. Eine recht umfängliche Übersicht über mögliche Terrarienpflanzen ist bei G. Nietzke 1980 zu finden. Es empfiehlt sich auch, den Rat eines kompetenten Gärtners einzuholen. Am zweckmäßigsten dürfte ein Einbringen der Pflanzen in einem Blumentopf aus Ton sein, da hier ein Teil der Feuchtigkeit des Pflanzsubstrates durch die Wandung verdunsten kann und der Pflanze wird allein schon durch den Topf Standsicherheit gegeben. Der Terrarianer muß sich aber bewußt sein, daß es seiner *Lampropeltis* egal ist, ob sie im Bodensubstrat oder im Pflanztopf gräbt! Bei subtropischen und tropischen Arten von *Lampropeltis* werden auch gerne Bromeliengewächse im Topf in im Terrarium befindliche Korkröhren gesetzt. Das Aufbinden von Tillandsien z. B. des Greisenbartes ist zwar sehr dekorativ, aber leider meistens nur von kurzer Haltbarkeit, da *Lampropeltis* bei der Durchforschung ihres Terrarium diese Pflanzen durch ihr Gewicht und ihre Bewegungen von den Stämmen löst.

Eine weitere Nutzungsmöglichkeit einer Bodenheizung (sei es ein Kabel oder eine Matte) kann sich bei der Eiablage der weiblichen Tiere ergeben.

Das Weibchen sucht sich zur Eiablage einen Ort, wo sie ein zur Zeitigung der Eier passendes Substrat mit der richtigen Temperatur und Feuchtigkeit findet.

In die Planung der Terrarieneinrichtung kann man eine „Legebox" einbeziehen. Dies ist ein Ton- oder Plastikgefäß mit abnehmbarem Deckel und einer Einschlupföffnung. Dieses Gefäß wird so über eine sicher installierte Heizquelle, auf der z. B. eine dünne Sandschicht liegt, gestellt, daß das Legesubstrat im Gefäß ca. 26 bis 28 °C erreicht. Als Legesubstrat eignen sich z. B. Torf oder ein Torf-Sand-Gemisch. Das Substrat ist leicht feucht zu halten. Den genauen Abstand zwischen Heizquelle und Legegefäß muß man austesten und entsprechend mit Sand auffüllen. Nach meinen Erfahrungen muß sie bei Gebrauch eines 15W Heizkabels und einer Plastikbox knapp 1 cm dick sein. Zur Sicherung gegen ein Verrutschen kann man kleine Schieferplatten um die Konstruktion stellen. Der abnehmbare Deckel ermöglicht eine jederzeitige Kontrolle. Ein Überführen der (hoffentlich gelegten) Eier in einen Brutkasten kann gefahrlos und leicht geschehen, da die Legebox als ganzes zu entnehmen ist. Die Eier können entweder in/mit der Box in den Brutkasten gestellt werden oder sie werden am Brutkasten umgebettet.

Aber es dürfen auch Nachteile der Haltung im eingerichteten Becken nicht verschwiegen werden. Für den Tierhalter ist es schwieriger, die Hygieneanforderungen zu wahren, da die Exkremente der Tiere schwieriger zu entdecken und oft auch schwerer zu entfernen sind. Auch ist die Überwachung des Gesundheitszustandes der Tiere erschwert.

Wegen der ophiophagen Neigung von *Lampropeltis* ist eine gemeinsame Fütterung der Tiere im Gemeinschaftsterrarium tödlicher (wörtlich zu nehmen!) Leichtsinn.

Zum Füttern müssen die Tiere separiert werden!

Entweder läßt man nur die zu fütternde Schlange im Terrarium, nimmt die anderen Tiere heraus und setzt sie erst dann zurück, nachdem das verbliebene Tier gefressen hat. Oder man verfährt besser umgekehrt: Alle im Terrarium untergebrachten Tiere werden zur gleichen Zeit einzeln in Futterterrarien (meistens kleinere Plastikterrarien) gesetzt, wo

Die Königsnatternweibchen – im Bild *L. mexicana thayeri* – setzen ihre Gelege gern in Blumentöpfen ab.

ihnen Futter angeboten wird. Nach meinen Erfahrungen ist der späte Nachmittag ein guter Zeitpunkt, da die Tiere dann auf jeden Fall Aktivitätstemperatur haben und zumeist gerne und schnell fressen. Meistens belasse ich die Schlangen bis zum nächsten Morgen in den Futterterrarien, damit auch „Unentschlossene" noch fressen. Den Futtermäusen wird etwas Mäusefutter in den Futterterrarien angeboten, damit sie nicht eventuell die Schlangen anfressen (Alles schon passiert!). Außerdem haben sich während der Nacht die vom Beutefang oft nervösen Schlangen beruhigt und auch schon ihr Futter anverdaut.

Durch die Nachtabkühlung sind sie zudem träger. Daher kann man sie leichter in das Gemeinschaftsterrarium zurücksetzen und hat so die Gefahr des Auswürgens der Beute minimiert. Nach dem Zurücksetzen hat sich ein Absprühen der Schlangen mit Wasser (Zimmertemperatur!) bewährt. Sie scheinen dadurch etwas irritiert und versuchen, dem Wasser auszuweichen, indem sie einen Versteckplatz aufsuchen. Auch wird so der „Mäuseduft", der einigen Schlangen noch anhaften kann, gemildert. Zumindest werden die Schlangen davon abgelenkt, was Kannibalismus vermeiden hilft.

Die Ansprüche von *Lampropeltis*

Die grundlegenden Bedürfnisse von *Lampropeltis* sind schon genannt worden, da sie in direktem Zusammenhang mit ihrem Gesundheitszustand nach der Quarantäne und ihrer artgerechten Unterbringung stehen: Sie müssen im Terrarium eine adäquate Temperatur vorfinden, ein Tages- und auch Jahreszyklus muß vorhanden sein, die Luftfeuchtigkeit muß stimmen, die Tiere brauchen Trinkwasser und auch - zumindest gelegentlich - eine Bademöglichkeit. Sichere Versteckplätze müssen vorhanden sein und sie brauchen regelmäßiges Futter. Stauluft sollte vermieden und auf Hygiene geachtet werden.

Es sollte selbstverständlich sein, daß Exkremente aus dem Terrarium entfernt werden, sobald man sie sieht. Bei jeglicher Art der Verunreinigung des Wassers ist das Wassergefäß zu reinigen und das Wasser zu erneuern. Zeigt sich im Terrarium Schimmel am Boden, so hat man mit Sicherheit Ausscheidungen übersehen. Bildet sich Schimmel an den Einrichtungsgegenständen im Terrarium, ist zu überprüfen, ob es zu feucht ist oder ob nicht genügend Umluft vorhanden ist. Der Schimmel ist sofort zu entfernen, die Ursache zu beheben. Auch in trockenen und wüstenartigen Gegenden schlägt sich über Nacht Feuchtigkeit als Tau nieder. Diese Feuchtigkeit braucht die Vegetation, um gedeihen zu können und viele Tierarten nehmen den Nachttau auf. Sie trinken, indem sie ihn auflecken. Dies konnte ich auch bei *Lampropeltis* sehen. Daher besprühe ich die Terrarien früh morgens mit Wasser aus einer Zerstäuberspritze. Dieses hat Zimmertemperatur, die Sprühdauer beträgt ungefähr 15 bis 30 Sekunden, abhängig vom Ursprungsgebiet der Tiere.

Die Ansprüche von *Lampropeltis*

Mir sind auch aus Anlagen automatische Bewässerungsanlagen bekannt. Dort ist in jedem Terrarium eine Zerstäuberdüse installiert. Die Wasserzufuhr erfolgt zentral und ist über eine Schaltuhr geregelt, die in Sekundenintervallen geschaltet werden kann und die eine Motorpumpe antreibt. Dies rentiert sich nur bei großen Anlagen. Es erfordert neben dem technischen Sachverstand auch das notwendige Kapital.

Durch das tägliche Sprühen schlägt sich auf den Scheiben mit der Zeit ein Kalkbelag nieder, dessen Menge abhängig von der Wasserqualität am Orte ist. Dieser wird bei den regelmäßigen Grundreinigungen des Terrariums mit einem Glasschaber oder einer flach gehaltenen Rasierklinge entfernt. Dieser Mühe sollte man sich schon unterziehen und nicht auf Wasser zurückgreifen, das mittels eines der gebräuchlichen Filter entkalkt und entsalzt worden ist. Dieses behandelte Wasser hinterläßt zwar keine Ablagerungen auf den Scheiben, mir ist aber aus einer großen Schauanlage, wo mit so behandeltem Wasser gearbeitet wurde, bekannt, daß etliche Monate, nachdem man mit dieser Art von Sprühwasser zu arbeiten begonnen hatte, eine Vielzahl von Reptilien an Mangelerscheinungen und Nierenerkrankungen eingegangen waren. Nach einer erneuten Wasserumstellung auf nicht behandeltes Wasser stabilisierte sich der Bestand nach entsprechender Zeit wieder.

Der meiner Meinung nach wesentlichste Aspekt, um *Lampropeltis* in der Terrarienhaltung gesund zu erhalten und auch zur Nachzucht zu bringen, liegt in der Simulation der natürlichen Tag-Nacht-Rhythmen und der jahreszeitlich bedingten Klimaunterschiede. Dabei muß der Ausgangspunkt aller Überlegungen der Herkunftsort der Tiere sein. Man muß sich über die Klimaverhältnisse in eben diesen Gegenden informieren und diese auf die Verhältnisse in der Terrarienhaltung übertragen.

In Nordamerika, im Nord-Osten von Mexiko sowie im mexikanischen Hochland kommt es zu ausgebildeten Jahreszeiten wie wir sie auch in Europa kennen.

Da *Lampropeltis* wie alle rezenten Reptilien poikilotherm (= wechselwarm) ist, wird ihre Körpertemperatur und damit verbunden ihr Aktivitätsgrad weitgehend von der Umgebungstemperatur bestimmt. In den kalten Monaten von Spätherbst bis zum beginnenden Frühjahr ergibt sich daher für die Tiere aus diesen Gegenden eine Winterruhe oder auch eine regelrechte Überwinterung, wie sie auch in der Natur geschieht. Diese Phase dauert je nach Herkunft der Tiere von 3 bis zu 5 Monaten.

***L. getula floridana* aus Liberty Co. in Florida.**
Foto: W. B. Love

Eine Überwinterung ist auch für *Lampropeltis mexicana thayeri* erforderlich, insbesondere für die Stimulanz zur Paarung.
Foto: L. Lemke

Analog zur Sonnenscheindauer (Tageslänge) werden die Terrarien im Sommer 12 bis 14 Stunden beleuchtet. Diese Zeitspanne wird zum Winter hin in regelmäßigen Intervallen auf bis zu 8 Stunden täglich verkürzt und ab Frühjahr wieder entsprechend verlängert. Es hat sich bewährt, alle 14 Tage die Schaltdauer der Schaltuhr um 30 Minuten so zu verkürzen bzw. zu verlängern, daß jeweils morgens und abends 15 Minuten wegfallen bzw. hinzukommen. Mit der Schaltung von Terrarienheizungen wird ebenso verfahren. Zum Winter hin wird gleichzeitig das Futterangebot reduziert und dann ganz auf ein Füttern verzichtet. Die meisten Terrarianer warten ab, bis ihre Tiere den Darm vollständig entleert haben, bevor sie sie „einwintern", da durch die herabgesetzte Temperatur sich natürlich auch die Verdauung langsamer vollzieht und ab einer Temperatur von ca. 12 °C weitgehend stagniert. Ich selber sehe dies nicht so eng und habe auch noch keine negativen Erfahrungen gemacht. Denn in der Wildbahn ist auch keiner, der bei den Schlangen darauf achtet. Stattdessen sind die Tiere im Existenzkampf so lange wie möglich bemüht, Beute zu erbeuten und zu fressen. Daher dürfte es eher die Regel als die Ausnahme sein, daß die Schlangen mit nicht vollständig entleertem Magen-Darm-Trakt in den Winter gehen. Dies ist aber eine Frage, die sich jeder selber beantworten muß.

Überwinterungen sind in der Natur aber auch ein Ausleseverfahren, um kranke oder schwächliche Tiere aus dem Bestand zu ent-

Die Ansprüche von *Lampropeltis*

fernen, damit nur gesunde und starke Tiere zur Fortpflanzung kommen. Daher sollte der Terrarianer nur wirklich gesunde Schlangen überwintern - und sich später paaren - lassen, ansonsten geht er das Risiko eines Verlustes ein.

Ich überwintere meine *Lampropeltis* wie folgt: Nachdem ich in der genannten Weise die Beleuchtungsdauer und die Wärmezufuhr durch die Heizungen reduziert habe, schalte ich gegen Anfang November die Terrarienbeleuchtung ganz ab und belasse die Schlangen bei Zimmertemperatur in ihren Terrarien. Nach 14 Tagen setze ich sie einzeln in Plastikterrarien (etwa 40 x 30 x 20 cm) und stelle sie für weitere 14 Tage in einen Raum, der eine Temperatur von ungefähr 15 °C hat. Die Becken sind 10 cm hoch mit Rindenmulch gefüllt. Man kann auch Torf, Torf-Sand-Gemisch oder ähnliches verwenden. Es befinden sich noch ein kleiner Wassernapf und ein Stück Korkröhre darin. Das kleine Terrarium ist gerechtfertigt, da sich die Tiere während der Überwinterung nur sehr mäßig bewegen; das Wassergefäß ist notwendig, da sie auch im Winterquartier - wenn auch nur mäßig - trinken. Ich habe schon *Lampropeltis* bei nur 6 °C trinken sehen. Danach bringe ich die Tiere in einen Raum mit durchschnittlich 8 °C. Als kühlsten Raum hatte ich zur „Freude" meiner Frau für einige Winter die Waschküche gewählt, wo ich die Terrarien auf eine 10 cm hohen Styroporplatte stellte und sie dann noch zur Abdunkelung mit Styropor ummantelte.

Lampropeltis mexicana mexicana.   Foto: Peter Vise

Während der Überwinterung werden die Schlangen regelmäßig observiert und das Wasser erneuert. Anfang Februar wird zum „Auftauen" der Tiere in umgekehrter Reihenfolge verfahren. Dann werden die Schlangen angefüttert und wieder im Gemeinschaftsterrarium untergebracht. Um Hybridenzucht zu vermeiden, halte ich die Tiere nach Arten/Unterarten getrennt. Ohne Überwinterung wird es kaum zu einer Nachzucht kommen.

Es wurde schon erwähnt, daß manche Züchter den gesamten Raum, in dem sie *Lampropeltis* halten, zur Überwinterung kühlen. Ebenso wird recht häufig die „Kühlschrank-Methode" angewandt. Dazu bedient man sich eines Kühlschrankes, der mittels seines Thermostaten auf 8 bis 10 °C gekühlt ist. In diesen werden nun die Schlangen zur Überwinterung gestellt. Dabei ist es wichtig, daß die Tiere auch eine Wasserschale zur Verfügung haben, um ein Dehydrieren zu vermeiden. Manche Züchter steuern über die Abkühlung der Tiere den Vermehrungszyklus so, daß es zu mehreren Gelegen der Weibchen pro Jahr kommt. Da dies nicht dem natürlichen Verlauf entspricht und die Weibchen sehr entkräftet, lehne ich dies ab. Bei *Lampropeltis* aus dem übrigen Teilen Mittelamerikas und aus Südamerika stellt sich die Lage grundlegend anders dar, da dort der Jahresrhythmus weitgehend durch Regen- und Trockenzeiten bestimmt ist. Auch ist die Beleuchtungs- und Beheizungszeit anders zu wählen. Je näher das Vorkommensgebiet am Äquator liegt, um so mehr nähert sich das Verhältnis von Tag und Nacht dem von 12 zu 12 Stunden. Die Abkühlung ist natürlich wesentlich gemäßigter, die Temperatur sollte 16 °C nicht unterschreiten. Ausnahmsweise kann es für einige Stunden auch etwas kühler sein. Während der Trockenzeit ist es kühler, mit beginnender Regenzeit steigt die Temperatur. Darin ist der Stimulus zur Paarung zu sehen.

Klimakundliches Wissen muß für den engagierten Terrarianer selbstverständlich sein, denn nur wenn er die natürlichen Ansprüche seiner Tiere kennt, kann er sie auch in der Terrarienhaltung umsetzen. Nur dadurch kann er seine Tiere gesund erhalten und auch nachzüchten.

Die Ansprüche von *Lampropeltis*

L. triangulum sinaloae **auf dem Gelege.**　　　　　　　　　　　　　　　　　　　　　　　　Foto: H. Hansen

Ernährung und Fütterung

In der Natur hat *Lampropeltis* ein weites Nahrungsspektrum. Es umfaßt Amphibien, Echsen, Kleinsäuger, Schlangen, Eier und auch Vögel. Perlowin 1992 nennt sogar frisch geschlüpfte Schildkröten als Nahrung für *L. getula*. Kannibalismus vor allem bei Jungtieren und subadulten Tieren ist nicht außergewöhnlich. Dies gilt vor allem bei Arten des *getula*-Komplexes.

Der Nahrungsschwerpunkt hängt von Vorkommensgebiet der Art und den mit ihr lebenden Beutetieren ab. So haben *Lampropeltis* aus wüstenartigen Gebieten ihren eindeutigen Nahrungsschwerpunkt bei Echsen. Unter den Schlangen, die als Beutetiere gejagt werden, sind ungiftige wie auch giftige Arten zu finden.

Es sind grundlegende Unterschiede in der Beutestrategie von *Lampropeltis* festzustellen. Jungvögel, Frösche und juvenile Kleinsäuger werden erfaßt und oft noch lebend verspeist. Die Kiefer der *Lampropeltis* mahlen förmlich über die Beute, es erinnert an ein schmatzendes Kauen.

Adulte Kleinsäuger werden an irgendeiner Körperstelle durch den Beutebiß erfaßt, von den Körperwindungen der *Lampropeltis* „eingeschnürt", erdrosselt und erst nach dem Erstickungstod verspeist. Wie viele andere Schlangen lockert auch *Lampropeltis* nach einiger Zeit der Strangulierung ihre Körperwindungen, um zu testen, ob sich die Beute noch regt. Ist dies nicht der Fall, sucht die Schlange den Kopf der Beute und beginnt von der Schnauzenspitze aus mit dem Verzehr. Dieses Vorgehen hat für *Lampropeltis* den Vorteil, daß während des Freßvorganges die Fellhaare und auch die Extremitäten des Beutetieres sich an dessen Körper glatt anlegen. Sie können sich daher in der Speiseröhre der Schlange nicht abspreizen und somit werden Verletzungen vermieden.

Echsen werden meistens in der Halsregion erfaßt, stranguliert und verspeist.

Werden Schlangen als Beutetiere erfaßt, so werden diese immer durch einen Biß unmittelbar hinter dem Kopf fixiert, der Schlangenkörper wird von *Lampropeltis* umwunden und das Opfer erwürgt. Da Schlangen robust sind, kann sich dieser Beuteerwerb über Stunden erstrecken. Es wurde auch beobachtet, daß *Lampropeltis* Schlangen auf den Boden drückt, indem sie eine ihrer Körperschlingen vergrößert, so daß sich diese über der Beute wie ein Bogen spannt. Dann verstärkt *Lampropeltis* den Druck auf die beiden nächsten Berührungspunkte mit dem Beutetier, um so das Erdrosseln zu beschleunigen. *L. g. splendida* gilt auch als adulte Schlange als ausgesprochen ophiophag. In Nordamerika ist von *Lampropeltis* bekannt, daß sie Giftschlangen der Gattungen *Agkistrodon*, *Sistrurus* und *Crotalus* erbeutet. Dabei handelt es sich alles um sogenannte Grubenottern. Von *L. t. gaigeae* weiß ich aus eigener Beobachtung, daß sie *Bothrops* - auch eine Grubenotter - frißt. Aus

Ernährung

Honduras ist mir dasselbe von *L. t. hondurensis* bekannt. Ich habe aber bisher von keinem Fall gehört, wo *Lampropeltis* eine *Micrurus* als Beute genommen hat. Für mich stellt sich die Frage, ob eine Ursache in der ähnlichen Zeichnung der Tricolors liegt. Dagegen spricht, daß *Lampropeltis* auch kannibalistisch Schlangen der eigenen Art frißt. Es ist nachgewiesen, daß *Lampropeltis* bis zu einem recht hohen Grad gegen die Toxine der in ihrem Verbreitungsgebiet lebenden Grubenottern immun ist. Gelegentliche Bisse beim Beutefang machen ihr nichts aus.

Dies gilt aber nicht für die Gifte von Schlangen, die in anderen Gegenden leben. Käme jemand auf die Idee, eine Kobra an eine *Lampropeltis* verfüttern zu wollen, so würde dies wohl für beide Schlangen tödlich enden. Die Kobra würde wohl erdrosselt und gefressen werden, während die *Lampropeltis* in Falle von Bissen durch die Kobra an der Wirkung des Giftes sterben würde. Wenn also jemand Schlangen verfüttern will, dann bitte solche aus dem Vorkommensgebiet von *Lampropeltis*.

Auch für Futterechsen gilt: Verfüttere nur solche, die auch aus dem Verbreitungsgebiet von *Lampropeltis* stammen. Der Grund liegt im parasitären Innenleben der Tiere. Denn es ist nicht anzunehmen, daß eine angebote Futterechse frei von Parasiten ist. Wenn man nun schon auf ein Verfüttern von Echsen nicht verzichten will oder kann, dann sollte man nur solche nehmen, wo man annehmen kann, daß *Lampropeltis* mit dem „Innenleben" zurechtkommt. Es wäre ja schade, wenn die Schlange nun nicht mehr am Futtermangel, sondern an den Folgen der Mahlzeit sterben würde!

Auf ein Verfüttern von Vögeln - in der Terrarienhaltung in der Regel Hühnerküken - würde ich verzichten. Küken werden zwar gerne vor allem von großen *L. getula* als Futter angenommen, aber der Nachteil des Futters zeigt sich nach der Verdauung. Die Exkremente stinken bestialisch. Bei einer Haltung der Schlangen in Zimmerterrarien ist dies meiner Meinung nach vor allem Mitbewohnern gegenüber eine Zumutung, die nicht mehr akzeptabel ist. Und im Normalfall mute ich z. B. meiner Familie schon einiges zu!

Solche Futterexperimente braucht man aber in aller Regel gar nicht zu unternehmen. Das ideale Futter für *Lampropeltis* in Gefangenschaft sind Mäuse! Sie sind das ganze Jahr hindurch zu bekommen, relativ preiswert, leicht zu transportieren und, da sie aus Zuchten stammen, in der Regel frei von Krankheiten.

Wichtig ist, daß die angebotenen Futtermäuse nicht zu groß sind. Kleinere Mäuse werden besser angenommen und auch besser verdaut als größere. Es ist nicht nur die richtige Menge an Mäusen (Gesamtgewicht) wichtig für das Gedeihen der Schlange, die Masse muß auch richtig dargeboten werden, d. h. in möglichst viele kleine Portionen durch das Anbieten kleinerer Mäuse aufgeteilt sein. Es hat sich gezeigt, daß bei dieser Art der Fütterung Längenwuchs und Körpermasse der *Lampropeltis* besser gedeihen.

Normalerweise werden sie von allen Arten/Unterarten angenommen. Wird von einem neu erworbenen Tier die angebotene Futtermaus nicht angenommen, sollte man es nach drei oder vier Tagen noch einmal versuchen. Verweigert sie erneut, kann man es nach einer erneuten Wartezeit mit einer etwas kleineren Maus versuchen. Hilfreich kann es auch sein, die Temperatur im Terrarium um 2 bis 3 °C zu erhöhen. In aller Regel wird die Schlange spätestens nach einigen Versuchen Futter annehmen. Sollte dies nicht erfolgen, ist nach den Gründen zu suchen.

Gründe für eine Futterverweigerung sind meistens:

1) Die Schlange befindet sich in der Häutung. Dann fressen Schlangen meistens nicht. Man warte die Häutung ab und versuche es erneut.

2) Es ist Paarungszeit. Vor allem männliche Schlangen nehmen in dieser Zeit oft kein Futter an, da sie begreiflicherweise mit anderen Dingen beschäftigt sind. Weibliche Tiere stellen die Futteraufnahme oft nach der Begattung ein.

3) Das Tier ist krank. Überprüfe die in Abschnitten über „Beschaffung" und „Eingewöhnung und Quarantäne" genannten Punkte. Konsultiere einen Tierarzt oder einen erfahrenen Terrarianer.

4) Die Temperatur ist zu niedrig. Miß nach und erhöhe sie gegebenenfalls.

5) Die Schlange ist aus irgendwelchen Gründen auf ein bestimmtes Futtertier fixiert. Probiere verschiedene Arten von Futtertieren (s. o.) und hoffe! Manchmal ist vor allem bei den hauptsächlich sich von Echsen ernährenden Arten wie *L. alterna* und auch *L. mexicana* eine Umstellungsphase notwendig, in der die Schlangen regelrecht überlistet werden müssen. Dazu wird die Maus an einer möglichst aus dem Biotop der Schlange stammenden Echse gerieben, damit sie deren Duft

annimmt.

Junge *Lampropeltis*, vor allem Nachzuchttiere, nehmen meistens problemlos Baby-Mäuse als Futter an. Sollte dies nicht sofort gesche-

Ernährung

Lampropeltis triangulum dixoni. Foto: Peter Vise

hen, kann man es mit einer Erhöhung der Temperatur versuchen. Bleibt dies ohne Erfolg, empfehlen manche Terrarianer, die Maus mit Kernseife zu waschen, damit sie weitgehend den Mäusegeruch verliert. Eine Methode, die nachvollziehbar ist, von der ich aber bisher keinen Gebrauch machen mußte. Beim nächsten Schritt, den man versuchen kann, ist es von der ethischen Einstellung des Terrarianers abhängig, ob er ihn unternimmt. Man eröffnet das Schädeldach einer gerade geborenen Maus, drückt etwas Hirnmasse heraus und verschmiert diese am Kopf der Maus. Merkwürdigerweise erzielt dieses etwas makabre Vorgehen sehr gute Resultate. Der Geruch der Hirnmasse muß für *Lampropeltis* sehr verlockend sein.

Applegate 1992 nennt als weitere Möglichkeit, der *Lampropeltis* z. B. eine Echse als natürliches Futter anzubieten. Und zwar von Hand! Wenn sie es mehrmals angenommen hat, soll man dieses Futtertier schnell gegen eine kleine Maus austauschen. Es erscheint mir kaum vorstellbar, daß ein Tier, welches das Futter verweigert hat, nicht durch die Hand des Pflegers noch mehr beunruhigt ist. Den Tausch kann ich mir erst recht nicht vorstellen.

Für mich gibt es, wenn auch die „Hirnmethode" versagt hat, nur zwei Möglichkeiten:

1) Ich biete dem Tier natürliches Futter wie kleine Schlangen oder Echsen an (natürlich nicht von Hand). Wenn die Schlange dann irgendwann dieses Futter annimmt, kann ich nach einiger Zeit wieder versuchen, sie auf eine Mäusefütterung umzustellen. Die Wahrscheinlichkeit ist aber hoch, daß das Tier zum Nahrungsspezialisten geworden ist und nur noch ausschließlich die eine akzeptierte Art von Beute annimmt.

2) Ich entschließe mich zu einer Zwangsfütterung. Nachzuchten von klein bleibenden *Lampropeltis* wie z. B. *L. t. elapsoides*, die beim Schlupf durchschnittlich nur 15 cm lang sind und die einfach qua Größe keine Baby-Mäuse fressen können, muß man von vorne herein entweder mit Mäuseteilen (Schwanz, Bein) oder z. B. Streifen von Rinderherz stopfen. Zur Zwangsfütterung wird die Schlange hinter dem Kopf mit Daumen und Mittelfinger gehalten, während der Zeigefinger locker auf dem Schädeldach liegt. Der Körper der Schlange ruht locker in der zur Faust geballten Hand. Man achte auf den Druck! Er darf nur leicht sein, denn eine kleine Schlange ist leicht verletzt. Das Maul wird mit einem stumpfen Gegenstand geöffnet, das Futter z. B. mit einer stumpfen Knopfsonde bis in den Rachen geschoben und dann langsam bis in den Magen massiert. Man kann auch mit dem Kopf der Baby-Maus von einer Kopfseite der Schlange aus einen Kieferast aufdrücken, das Futtertier ins Maul schieben und es dann wie beschrieben in den Magen befördern. Besonders für Anfänger der Terraristik ist es ratsam, eine Zwangsfütterung (Stopfen) nur mit Hilfe einer zweiten Person auszuführen.

Eine andere Möglichkeit der Zwangsernährung bietet die aus den USA stammende sogenannte Pinky-Pump, was soviel wie Mäuse-Pumpe bedeutet. Dies ist eine Spritze mit einer stumpfen Kanüle mit einem Durchmesser von ca. 3 mm. In ihr befindet sich ein Mahlwerk zum Zerkleinern von Fleisch, ähnlich wie bei einem in der Küche gebräuchlichen Fleischwolf. Diese Spritze wird mit Baby-Mäusen gefüllt und die Kanüle in den Rachen der zu stopfenden Schlange eingeführt. Dann wird die „Füllung" mittels eines Kolbens gegen das Mahlwerk gedrückt, dort zerkleinert und als Brei in den Magen der Schlange befördert. Die Pinky-Pump findet hauptsächlich bei Züchtern Verwendung, die

sehr viele Schlangen nachzüchten.
Aber Futterprobleme sind bei *Lampropeltis* meistens die Ausnahme und, wenn sie auftreten, nur von kurzer Dauer. Eine gesunde, gut fressende *Lampropeltis* kann im dritten Lebensjahr die Geschlechtsreife erlangen. Bei extremer Fütterung kann dies auch im zweiten Jahr geschehen, doch dies deckt sich wohl nicht mit einer natürlichen Entwicklung in der Wildnis. Da auch bei *Lampropeltis* wie bei vielen Reptilien ein direkter Zusammenhang zwischen der Gelegegröße und der Länge und der Körpermasse des Weibchens besteht, sollte man dem Tier auch in Ruhe Gelegenheit geben, sich zu entwickeln.

Die Häutung

Wie alle anderen Schlangen häutet sich auch *Lampropeltis* in bestimmten Intervallen. Dabei wird die oberste Hautschicht, die aus abgestorbenen Zellen (Hornhaut) besteht und nicht mit dem Tier wachsen kann, abgestoßen. Die alte Oberhaut ist der Schlange zu eng geworden. Das Wachstum einer Schlange bestimmt also die Häufigkeit der Häutungen. Daher häuten sich junge Tiere alle 1 bis 2 Monate, da sie noch voll im Wachstumsprozeß stehen, während sich adulte Tiere 1 bis 2 x im Jahr häuten.

Der beginnende Häutungsprozeß zeigt sich durch eine gräulich-bläuliche Eintrübung der Augen, welche 2 bis 3 Tage vor der Häutung wieder verschwindet. Der Häutungsprozeß unterliegt einer hormonellen Steuerung. Das reibungslose Häuten ist aber auch abhängig von der Temperatur und der Feuchtigkeit, der die Schlange ausgesetzt ist. Eine gesunde Schlange, die unter guten Bedingungen gehalten wird, häutet sich in einem Stück. Das abgestreifte Natternhemd ist wie ein „umgedrehter Strumpf".

Abweichungen können sich in einer unvollständigen Häutung (Fetzenhäutung), in verzögerter oder zu häufiger Häutung zeigen. Obst u. a. 1984 nennen als Ursachen für die ersten beiden Möglichkeiten unter anderem zu hohe Temperatur, zu niedrige Luftfeuchte, Vitaminmangel oder auch Milbenbefall. Voraussetzung für ein Beheben des Mangels ist das klare Erkennen der Ursache, damit man gegebenenfalls die Temperatur senkt, die Luftfeuchtigkeit erhöht, die Tiere mit warmem Wasser besprüht, sie darin badet oder sie in einem feuchten Leinensack (warm halten!) unterbringt, damit sich die alten Häutungsreste lösen und man sie mit Hilfe einer Pinzette entfernen kann. Besondere Probleme können dabei die Augenkappen bereiten, die sich oft schwer lösen und nur mit einer Splitterpinzette zu fassen sind. Dies erfordert eine ruhige Hand und etwas Übung, da man das Auge sehr leicht verletzen kann. Bevor ein Anfänger es das erste Mal versucht, sollte er es bei einem erfahrenen Terrarianer gesehen haben. Bei Vitaminmangel ist die Gabe eines Vitamin-B-Komplexes nützlich, der der Schlange direkt injiziert werden kann oder der in wasserlöslicher Form über die Futtertiere verabreicht wird. Hierzu befrage man am besten einen Tierarzt. Gegen den Milbenbefall empfiehlt Obst 1984 ein Einpinseln der Tiere mit einem öligen Vitaminpräparat. Zu hohe Vitamingaben können zu häufige Häutungen verursachen, was zu einer Erschöpfung der Schlangen mit möglichem tödlichen Ausgang führen kann.

Bei Häutungsproblemen ist wie bei anderen Beeinträchtigungen und Erkrankungen also immer zuerst Ursachenforschung notwendig, bevor man das Problem beheben kann.

Die Lebenserwartung der Tiere

Wenn man die Angaben über die maximale Lebenserwartung von *Lampropeltis*, die man bei Bowler 1977 und/oder Slavens/Slavens 1992 findet, vorsichtig gewichtet, kann man ziemlich sicher von einer durchschnittlichen Lebenserwartung von 12 bis 15 Jahren ausgehen.

Ich möchte für jede Art das aufgeführte Beispiel mit der längsten Lebensspanne in Gefangenschaft nennen (Angaben in Jahren, Monaten): *L. alterna* 15 J., 6 M.; *L. c. calligaster* 23 J., 9 M.; *L. g. californiae* 23 J., 3 M.; *L. p. pyromelana* 15 J., 4 M.; *L. t. triangulum* 21 J., 4 M.; *L. z. zonata* 21 J., 2 M.

Angaben über *L. ruthveni* und *L. mexicana* fehlen. Bei *L. ruthveni* wird man ebenso wie bei *L. mexicana* von mindestens 15 Jahren ausgehen können. Ich habe selber eine *L. m. greeri* in meinem Besitz, die ich im Herbst 1980 als Jungtier aus den USA mit nach Deutschland gebracht habe. Nach Angaben des Verkäufers war das Tier Ende Juni 1980 geschlüpft. Es ist jetzt also 15 Jahre alt. Da das männliche Tier immer noch erfolgreich sexuell aktiv ist, scheint es auch noch einige Jahre vor sich zu haben. Es lohnt sich, seine *Lampropeltis* vernünftig, d. h. artgerecht zu pflegen, da sie dann sehr ausdauernde Pfleglinge sind. In der freien Wildbahn dürfte ein Erreichen solcher Jahreszahlen aber sehr selten sein, da die Tiere ständig Freßfeinden ausgesetzt sind und auch durch Übertragung von Krankheiten durch Beutetiere einem erhöhten Risiko ausgesetzt sind.

Krankheiten

In den Abschnitten über den „Erwerb der Schlangen" und über die „Eingewöhnung und Quarantäne" habe ich bereits auf, auch für den Laien erkennbare, Krankheitssymptome hingewiesen. Auf Probleme bei der Häutung wurde auch schon eingegangen. Jeder, der an seinen Schlangen oder an deren Ausscheidungen irgendwelche der beschriebenen Symptome feststellt, sollte unverzüglich fachkundigen Rat suchen. Ich werde nur zu einigen wenigen Erkrankungen, Mangelzuständen und Formen von Parasitenbefall einige Möglichkeiten der Abhilfe nennen, bei denen auch der Anfänger nichts verkehrt machen kann - wenn die Anweisungen genauestens befolgt werden. Ansonsten will ich nur versuchen, einen Weg zur Hilfe für das Tier aufzuzeigen. Ich bin mir bewußt, daß ich viele Leser enttäuschen werde, da ich keine konkreten Behandlungsmöglichkeiten, keine Namen von Medikamenten und auch keine Dosierungen nennen werde. Aber ich habe im Laufe von mehr als 25 Jahren, in denen ich mich recht intensiv mit Terraristik beschäftigt habe, zu oft Tiere durch falsche, unsachgemäße und unkundige Behandlung sterben sehen. Ich will auch nicht verschweigen, daß es in amerikanischen Publikationen regelrechte „Behandlungs-Checklisten" gibt und man natürlich keinen hindern kann, sich ihrer zu bedienen. In der deutschsprachigen Literatur findet man eine handhabbare und brauchbare Auflistung bei Bosch 1994. Aber die Behandlung von erkrankten Tieren gehört nun einmal in fachkundige Hände. Dies können durchaus erfahrene Terrarianer sein, aber diesen brauche ich ohnehin keine Mittel und Möglichkeiten nennen, da sie ihnen in aller Regel bekannt sind. Oder es sind Veterinäre, die sich mit Reptilienkrankheiten auskennen. Die schon genannte Deutsche Gesellschaft für Herpetologie und Terrarienkunde verfügt über eine Liste solcher Veterinäre und nennt jedem, sei er nun Mitglied der Gesellschaft oder nicht, die Anschrift eines Tierarztes möglichst in der Nähe des Wohnortes des Ratsuchenden.

Ein oft auftretendes Problem in Terrarienanlagen ist Milbenbefall. Die Schlangenmilbe (Ophionyssus) ist zwar schnell eingeschleppt, aber leider nicht genauso schnell zu entfernen. Der beste Schutz besteht in strikter Einhaltung der Quarantäneregeln, wenn man Tiere neu erworben hat. Auch bei Futtertieren sollte man Obacht walten lassen und nur solche aus einwandfreien Zuchten verwenden. Man sollte auf keinen Fall Futtertiere nehmen, die schon in anderen Anlagen waren, dort nicht gefressen und dann abgegeben wurden, weil z. B. einfach zu viele da waren. Auch wenn es der Abgebende noch so gut meint, sollte man auf das Angebot verzichten.

Milben sind kleine, schwarze, stecknadelkopfgroße Außenparasiten. Sie halten sich auf den Schlangen besonders gerne unter den Augenschildern, in der Kinnfalte und unter dem Analschild auf. Entdeckt wird Milbenbefall oft zuerst durch deren Kot, den man als kleine weiße Fleckchen auf den Schlangen bemerkt. Bei fortschreitendem Befall sind die Schuppen rauh, trocken und abstehend. Da dieser blutsaugende Parasit in großer Zahl auftritt, führt eine Nichtbehandlung infolge des Blutverlustes zum Tod der Schlange. Außerdem können

Bei gesunden Tieren ist auch mit Nachzucht zu rechnen: *L. triangulum annulata* bei der Paarung. Foto: Peter Vise

Krankheitserreger in die Blutbahn der Schlange gelangen und Infektionen verursachen. Mit Milbenbefall ist nicht zu spaßen! Nur konsequente Bekämpfung kann Abhilfe bringen, die bei steriler Haltung einfacher durchzuführen ist als bei eingerichteten Terrarien. Hat man solche, muß man sich unausweichlich mit der Frage beschäftigen: Versuche ich eine Bekämpfung im Becken oder entferne ich die Einrichtung und behandle lediglich die Tiere? Eine Frage, auf die es keine allgemeine Antwort geben kann und die jeder für sich entscheiden muß. Ich würde versuchen, sowohl das Terrarium als auch die Schlangen milben-

Jungtier von *L. triangulum hondurensis*. Foto: H. Hansen

frei zu bekommen. Dazu ist ein zweigleisiges Arbeiten notwendig.

Zur Behandlung der Schlangen: Entferne die Schlangen aus dem Terrarium und überführe sie in ein Quarantänebecken, das nur mit weißem Papier, einer kleinen Trinkschale und einem Unterschlupf (in diesem Fall darf es ruhig eine Plastikdose mit Schlupfloch sein!) ausgestattet ist.

Zur Behandlung gibt es zwei Wege. Bei beiden muß man berücksichtigen, daß nicht nur die sichtbaren Milben auf den Schlangen sind, sondern auch deren Eier, die eine Entwicklungszeit von ca. 3 Tagen haben. Leider bekämpfen die möglichen Methoden nur die lebenden Milben, daher muß die Behandlung mehrmals (mindestens 3x) im Abstand von je drei Tagen erfolgen.

1) Man behandelt mit Neguvon®. Da das Präparat giftig ist, ist eine absolut genaue Dosierung notwendig! Man stellt mit dem Mittel eine 2% Lösung mit Wasser her. Dann

Krankheiten

taucht man einen sauberen Leinensack in die Lösung und hängt diesen zum Trocknen auf. In den getrockneten Sack wird die Schlange für ca. 12 Stunden (über Nacht) gegeben. Es empfiehlt sich, das Wassergefäß zu entfernen, damit es nicht umgestoßen werden kann und den im Gewebe gebundenen Wirkstoff wieder lösen kann. Wenn die Tiere diesen mit Flüssigkeit aufnehmen, kann es zu Vergiftungen mit eventuell tödlichem Ausgang kommen. Nach Gebrauch entsorge man den Sack und die Lösung (Sondermüll!). Nach je drei Tagen wiederhole man den Vorgang.

2) Man verwendet entweder Vapona-Strip® oder Baygon®. Auch hierbei sind mehrmalige Behandlungen in dreitägigen Intervallen nötig. Vom Vapona-Strip® nimmt man nur ein kleines Stück, vielleicht 1 cm^2 groß. Bei Baygon® wird etwas des Wirkstoffes auf ein Stück Küchenpapier gesprüht. Bei beiden Vorgehensweisen wird das Mittel nicht direkt in das Terrarium gelegt, sondern in eine dicht schließende, gelochte Plastikdose (6 bis 8 Lochungen) gegeben. Der Durchmesser der Lochungen darf der Schlange auf keinen Fall ein Hineinkriechen ermöglichen, er sollte ca. 3 bis 5 mm betragen. Man beläßt das Mittel über Nacht im Terrarium. Dabei sollte auch hier das Wasser entfernt werden, da nach meinen Informationen Feuchtigkeit zumindest den Wirkstoff von Vapona® beeinträchtigen soll.

Während des Behandlungszeitraumes sollten Papier und Wasser täglich gewechselt, Wasserschale und Schlupf täglich gereinigt werden. Es empfiehlt sich der Gebrauch von 1x Plastikhandschuhen. Es hat sich als hilfreich erwiesen, das „Milbenbehandlungsbecken" auf eine klebende Unterlage zu stellen (Doppelklebeband), um so eine Weiterverbreitung der Milben zu verhindern, die aus dem Terrarium gekrochen sind. Auch hat es sich nach Beseitigung der Milben aus zwei Gründen bewährt, die nächste Häutung der Schlange abzuwarten, bevor man sie wieder in das Gemeinschaftsterrarium zurücksetzt. Erstens sieht man, ob mit der alten Haut auch wirklich alle Milben beseitigt sind; zweitens kann man besser verfolgen, ob die Häutung normal verläuft oder ob es durch die Milben oder auch die chemischen Wirkstoffe zu Beeinträchtigungen kommt. Diesen kann man dann direkt entgegentreten.

Die Reinigung des Terrariums und die Beseitigung dort befindlicher Milben ist bei eingerichteten Becken schwierig. Das Bodensubstrat sollte auf jeden Fall entfernt werden. Alle Einrichtungsgegenstände sollten mit kochendem Wasser überbrüht werden und möglichst auch noch desinfiziert werden. Pflanzen sollte man vorsichtig mit warmen Wasser absprühen. In das von Schlangen befreite Becken kann man nun einen Vapona-Strip® hängen, der bis zur Neugestaltung ruhig 14 Tage hängen bleiben kann. Der Boden und die Wandungen kann man zusätzlich mit Neguvon®-Lösung (2%) abwaschen oder mit Baygon® absprühen. Nach erfolgter Behandlung sind Boden und Wände dann gründlich (ruhig mehrfach) mit Wasser zu reinigen. Nach etwa 10 Tagen kann man weißes Papier in das Terrarium legen, um zu überprüfen, ob sich noch Milben in ihm befinden, die man dann auf dem Papier leicht sehen kann. Erst nach gründlicher Säuberung, die seine Zeit braucht, kann das Terrarium wieder eingerichtet und von den Schlangen besiedelt werden.

Ein weiterer oft zu findender Außenparasit ist die Zecke. Zeckenbefall kann bei den Schlangen Infektionen hervorrufen, während der Blutverlust meistens nicht so gravierend ist (obwohl ich schon frisch importierte Schlangen mit mehreren hunderten Zecken gesehen habe). Bei der Entfernung ist wichtig, daß der sehr kleine Kopf der Zecke mit entfernt wird, da ein Verbleiben fast immer zu Abszessen führt. Früher sagte man, daß die Zecke zuerst mit etwas Öl oder besser mit medizinischem Alkohol beträufelt werden solle, um ihre Atmung zu unterbinden und sie zu ersticken. Nachdem es sich aber herumgesprochen hatte, daß mit dem Abtöten ein Erschlaffen der Mundwerkzeuge der Zecke verbunden ist, wodurch die Infektionsgefahr erheblich vergrößert wird, nimmt man davon Abstand. Um sie zu beseitigen, faßt man die Zecke mit einer gebogenen, dünnen Pinzette möglichst nahe über der Haut der Schlange am Kopf und entfernt sie mit einem kurzem Ruck. Man vergewissert sich, daß der Kopf auch wirklich mit entfernt wurde. Danach kann man die Stelle, an der die Zecke gesessen hat, mit einem antibiotischen Puder bestreuen.

Vitamin- und Mineralstoffmangel kann man am besten und einfachsten vorbeugen, indem man die Futtermäuse entsprechend vernünftig versorgt, sie z. B. mit den im Handel erhältlichen Preßpellets (z. B. der Firmen Höveler oder Altromin) füttert. Diese enthalten in ihrer Zusammensetzung einen ausgewogenen Anteil an Vitaminen und Mineralstoffen.

Zusätzlich kann man 1x monatlich dem Trinkwasser einige Tropfen eines wasserlöslichen Multivitaminpräparates beigeben. Um sicherzustellen, daß die Schlangen auch gerade dann trinken werden, kann man 2 bis 3 Tage zuvor die Trinkschale aus dem Terrarium entfernen. Man sollte es aber nicht häufiger geben, um nicht Gefahr zu laufen, die natürlichen Häutungsintervalle zu beschleunigen.

Kotstau kann durch zu lange Phasen ohne Trinkwasser hervorgerufen werden. Wenn spätestens 7 bis 10 Tagen nach einer Fütterung kein Kot abgesetzt worden ist, die normale Temperatur im Terrarium aber eine schnellere Verdauung zulassen müßte, sollte man untersuchen, ob sich im Bereich des Enddarmes vor der Kloake - in der Regel - verschiebbare Kotballen gesammelt haben. Man sollte die Schlange warm baden, mit Trinkwasser versorgen und dem Tier einige Milliliter Paraffinöl mittels einer Sritze mit aufgesetztem Schlauch oral (durch den Mund) verabreichen, damit der Kot „hinausgleiten" kann. Leichte Massagen der verstopften Stelle zur Kloake hin unterstützen die Ausscheidung. Vorsicht: Nicht verschiebbare Verhärtungen können ein Anzeichen für Amöbenbefall (Amöbiasis) sein.

Ich habe dieses Beispiel als Begründung für meine Zurückhaltung zum Bereich „Krankheiten" gewählt. Ich wollte zeigen, wie nahe in ihren Symptomen ziemlich harmlose (Kotstau) und sehr ernste (Amöbiasis) Erkrankungen liegen können, um zu belegen, daß dieser Bereich wirklich in die Hände des Fachmannes gehört.

Die Zucht von *Lampropeltis*

Dieser Abschnitt ist für viele Terrarianer der vielleicht interessanteste. In ihm möchte ich die Voraussetzungen für eine erfolgreiche Zucht, die Geschlechtsbestimmung, die Auswahl der Zuchttiere und die Variationsbreite der Arten abhandeln. Über die Ritualkämpfe der Männchen, über Paarung, Eiablage und Zeitigung der Eier in möglichen Brutbehältnissen informieren.

Es wurde schon gesagt, daß *Lampropeltis* eierlegend ist, sich die Entwicklung und der Schlupf der Jungschlangen also außerhalb des Körpers des Weibchens vollzieht. In der Natur erfolgen Paarung und Eiablage nach der Überwinterung oder nach Beendigung der Trockenzeit (siehe „Ansprüche von *Lampropeltis*") meistens in den Monaten von März bis Juni. Dies ist auch in der Terrarienhaltung zu realisieren. Die Zuchtperiode liegt einige Wochen nach der Überwinterung, wenn die Schlangen wieder entsprechend Futter zu sich genommen haben und in der Regel die erste Häutung erfolgt ist. Während der Ruhephase hat sich bei den Weibchen durch hormonelle Steuerung die Reifung der Eier im Eierstock vollzogen und die Ovulation (Eisprung) ist erfolgt. Pheromone (Lockstoffe) ziehen die männlichen Tiere an und stimulieren diese zur Begattung. Damit diese auch „zur rechten Zeit" wirken können, ist eine Trennung der Geschlechter während der Ruhephase sehr zu empfehlen. Die Eiablage erfolgt 4 bis 8 Wochen nach der Befruchtung. Der Zeitpunkt ist abhängig von der Reifezeit der Eier, die durch den Zustand des Weibchens und durch äußere Einflüsse wie z. B. Temperatur bestimmt werden. Zur Zucht sollte man nur wirklich gesunde, adulte Weibchen verwenden, da das Risiko einer Legenot bei Tieren recht hoch ist, die zu klein sind, zu wenig Körpermasse haben oder welche krank sind. Die Anzahl der Eier eines Geleges (3 bis 24) ist natürlich abhängig von der Art der *Lampropeltis* wie auch immer von der Länge, der Körpermasse, der Gesundheit und des Ernährungszustandes des Weibchens. Bei den größeren Arten sind es durchschnittlich 12 Eier. Die Inkubation (Dauer bis zum Schlupf) liegt zwischen 6 und 10 Wochen, sie ist abhängig von der Umgebungstemperatur der Eier. Bei 26 bis 28 °C liegt sie nach meinen Erfahrungen bei ca. 60 Tagen. Die Schlangen sind beim Schlupf zwischen 20 und 25 cm lang, außer bei kleinen Arten wie *L. t. elapsoides*. Sie häuten sich binnen der ersten sieben Tage. Danach kann man Futter anbieten. Man sollte über den gesamten Zuchtverlauf buchführen und sich alle Beobachtungen (Fressen, Häutung, Kommentkämpfe, Kopula, Eiablage, Schlupf etc.) mit Datum notieren.

Die Geschlechtsbestimmung
bei *Lampropeltis*

Notwendige Voraussetzung für eine eventuelle Nachzucht ist das Vorhandensein beider Geschlechter. Daher muß der Terrarianer in der Lage sein, das Geschlecht einer *Lampropeltis* sicher bestimmen zu können. Dazu gibt es mehrere Möglichkeiten.

Bei sehr jungen Schlangen empfiehlt sich als Methode das sogenannte „Popping" oder

Schlüpfende *L. zonata multicincta*. Foto: Gero Hilken

"Pressing" anzuwenden. Dabei wird die Jungschlange sicher in einer Hand fixiert, während man den Daumen der zweiten Hand ungefähr gut 1 cm hinter der Kloake etwas seitlich auf den Schwanz legt und mit leichtem Druck den Daumen in Richtung der Kloake bewegt. Dabei wird bei männlichen Tieren der Hemipenis herausgedrückt, durch die Manipulation wird quasi eine künstliche Erektion erzeugt. Da die Schlangen zwei Hemipenes besitzen, sollte dieses Verfahren auf beiden Seiten der Schwanzwurzel angewandt werden. Bei weiblichen Tieren wird die Kloake durch den Druck lediglich leicht erweitert. Bevor ein Anfänger dieses Verfahren anwendet, sollte er es sich von einem erfahrenen Terrarianer zeigen lassen, da bei unsachgemäßer Ausführung es zu Blutungen, Beschädigungen der Schwanzwirbel oder auch zu Verletzungen der Hemipenes kommen kann.

Die zweite Möglichkeit bietet ein Sondieren der Schlangen mittels einer Knopfsonde. Diese sollte je nach Länge der Schlange 1 oder 2 mm Durchmesser nicht überschreiten und ohne jede Unebenheit sein. Man sollte medizinische Sonden verwenden, die aus Edelstahl gefertigt sind, absolut eben und nach Gebrauch leicht zu desinfizieren sind. Um Verletzungen zu vermeiden, ist die Verwendung eines nicht fettenden Gleitmittels nötig. Diese sind in Apotheken erhältlich, zum Teil aber verschreibungspflichtig. Ich habe gute Erfahrungen mit Kathederpurin® gemacht. Es ist empfehlenswert, daß das Sondieren von

Die Zucht von *Lampropeltis*

zwei Personen vorgenommen wird. Während die erste die Schlange festhält, arbeitet die zweite mit der Sonde. Beim Sondieren wird die mit dem Gleitmittel befeuchtete Knopfsonde an einer Seite in die Kloake eingeführt und vorsichtig in Richtung der Schwanzspitze geschoben. Wenn man einen Widerstand - und sei er noch so gering - spürt, muß der Druck auf die Sonde sofort aufhören und man muß sehen, wie tief diese hat eindringen können. Am leichtesten ist es, wenn man dazu einen Fingernagel an der Stelle auf die Sonde hält, wo diese in der Kloake verschwindet, diese so herauszieht und ebenso wieder an der Kloake anliegend auf den Schwanz der Schlange legt. Nun kann man an den Schwanzschuppen, auf denen die Sonde liegt, abzählen, wie weit diese in die Schlange hat eindringen können. Bei weiblichen Tieren sind dies in aller Regel zwischen 2 und 4 Schuppen, bei männlichen Schlangen deutlich mehr, meistens 4 bis 8 Schuppen. Auch dieses Verfahren sollte an beiden Seiten des Schwanzes angewandt werden; der Anfänger sollte es sich auch erst zeigen lassen.

Die dritte Möglichkeit liegt in einer Betrachtung der Schwanzrelationen der Tiere. Bei gleichlangen *Lampropeltis* ist der Schwanz männlicher Tiere deutlich länger (knapp 50%) als der von weiblichen Tieren, da im Schwanz die Paarungsorgane der Männchen ihren Raum benötigen. Aus dem gleichen Grund ist die Schwanzregion hinter der Kloake bei Männchen stärker ausgeprägt, sie wirkt ver-

Zur Geschlechtsbestimmung kann die unterschiedliche Schwanzlänge herangezogen werden: Das Männchen rechts weist den vergleichsweise längeren Schwanz auf.
Foto: Helmut Hansen

dickt. Bei gleichlangen Tieren sind diese Unterschiede auch für Anfänger deutlich zu sehen, bei unterschiedlich langen oder auch bei jungen Schlangen gehört einige Erfahrung zu einer sicheren Bestimmung. Eine vierte Möglichkeit der Geschlechtsbestimmung bietet sich besonders zur Paarungszeit an, indem man die Tiere möglichst mit solchen vergesellschaftet, bei denen das Geschlecht bekannt ist. Aufgrund des Verhalten (z. B. Kommentkämpfe der Männchen, Paarung, Ignorieren) kann man dann auf das Geschlecht schließen.

Allgemeines zur Nachzucht und über Farbvarianten

Für eine erfolgreiche Nachzucht müssen die Schlangen natürlich geschlechtsreif sein, d. h. sie müssen mindestens zwei Jahre alt sein. Besser ist es aber abzuwarten, bis die Tiere dreijährig sind, da ja die Gelegegröße, der Zustand der Eier (Größe, Gewicht) und damit der der Jungschlangen vom Zustand des Weibchens abhängen. Dieses hat in drei Lebensjahren aber einfach bessere Möglichkeiten, sich zu entwickeln und dann ihr Potential an ihre Nachkommen weiterzugeben. Ist das Alter der Tiere nicht bekannt, so dient die Körperlänge als Orientierungshilfe. *Lampropeltis* des *getula*-Komplexes und die meistens Unterarten von *L. triangulum* sollten schon mindestens 90 cm Gesamtlänge haben. Die kleineren Arten entsprechend weniger (50 bis 70 cm). Die Tiere sollten äußerlich fehlerfrei sein. Die in den Abschnitten über den Erwerb der Schlangen und über Eingewöhnung und Quarantäne genannten Kriterien müssen positiv zu beantworten sein. Um Hybridisierungen oder gar Bastardisierungen zu vermeiden, sollte man nur *Lampropeltis* der gleichen Art/Unterart miteinander zur Paarung bringen. Zwar gibt es auch in der Natur Hybriden und Fehlfarben, doch ist dies die Ausnahme und keinenfalls die Regel. So muß sich jeder Terrarianer selber die Frage beantworten, wie er zu dem in den letzten Jahren sich zunehmend häufenden Angebot an herausgezüchteten Farbvarianten steht.

Bekannt sind:

1) Albino-Zuchten = „Weißlinge", den Tieren fehlen erbbedingt Pigmente, z. B. bei vielen *L. getula sp.* zu finden.

2) Melanotische Tiere = Schwarzfärbung durch eine Dominanz der schwarzen Pigmente, u. a. nach G. Hilken (mdl. Mitteilung) auch bei *L. m. greeri*.

3) Zuchten mit starker Gelbfärbung, z. B. bei *L. g. californiae*, s. Briggs/McKcown 1994 oder Markel 1994.

4) Amelanistische Zuchten = Fehlen der schwarzen Pigmente, z. B. von Hortenbach 1995 bei *L. t. hondurensis* beschrieben.

5) Zuchten anerythrischer Tiere = Fehlen der roten Pigmente, z. B. von Johnson 1993 für *L. t. hondurensis* aufgezeigt.

Unabhängig von der Entscheidung, ob ein Terrarianer nun Farbvarianten oder „normale" *Lampropeltis* züchten will, erfolgt die Vererbung nach den Mendel'schen Gesetzen. Diese setze ich als bekannt voraus, ansonsten kann man darüber in jeder Bücherei Literatur finden.

Paarungsbereitschaft, Kommentkämpfe, Paarung und Eiablage

Nachdem man die Schlangen für die Zucht ausgewählt, diese bei Einzelhaltung durch Überwinterung bzw. Trockenzeit, durch Anfüttern und Abwarten der ersten Häutung auf die Paarung vorbereitet hat, können die ersten Paarungsversuche erfolgen.

Wer ganz sicher sein will, daß die Weibchen paarungsbereit sind und Eier (Follikel) gebildet haben, kann die Tiere palpieren (= abtasten). Dazu wird das Weibchen sicher gehalten und man tastet mit Zeige- und/oder Mittelfinger einer Hand die Bauchseite des Weibchens ab. Dabei beginnt man ungefähr in der Körpermitte. Man drückt die Bauchschilder leicht „nach innen" in die Bauchhöhle in Richtung der Wirbelsäule und läßt den Finger dann in Richtung der Kloake gleiten. Bei erfolgtem Eiansatz fühlt man diese als eine Reihe kleiner „Knubbel" in der Bauchhöhle. Bei großer Erfahrung kann man die Anzahl recht genau ertasten. Ist dies festgestellt, vergesellschaftet man die Schlangen. Hat man mehrere männliche Tiere, so werden diese unmittelbar nach der Vergesellschaftung mit Kommentkämpfen beginnen. Dies ist ein ritualisierter Kampf, bei dem die eigene Stärke und Vormachtstellung gezeigt werden soll, um das Revier zu verteidigen und den Rivalen um die Fortpflanzung zu vertreiben. Die Männchen züngeln nervös, vibrieren stark mit dem Schwanzende, kriechen sehr schnell hintereinander her, versuchen sich zu imponieren, indem sie sich umwinden und auf den Boden drücken. Auch kann es zu Bissen in der vorderen Körperhälfte kommen, die der Fixierung des Gegners auf dem Boden dienen. Dabei wird der Biß nach meinen Beobachtungen immer von oben angesetzt, so daß der Druck auf den Rücken den Gegner niederzwingt. Diese Kämpfe können sich über mehrere Tage hinziehen. Während dieser Phase nehmen die Männchen zumeist kein Futter an. Kommentkämpfe sind nicht notwendige Voraussetzung für eine gelungene Paarung. Wer aber mehrere Männchen besitzt, sollte sich dieses interessante Verhalten, daß in der Natur nur sehr selten zu beobachten ist, nicht entgehen lassen. Außerdem ist dies als sehr guter Paarungsstimulus für die männlichen Schlangen sinnvoll. Danach wird das dominante Männchen sich den Weibchen zuwenden. Um den Paarungsverlauf nicht durch weitere Kommentkämpfe zu beeinträchtigen, sollte dieses dominante Tier als einziges Männchen im Terrarium verbleiben. Der Verlauf des Paarungsrituals ist dem Ablauf der Kommentkämpfe recht ähnlich. Das Männchen wird aufgeregt züngelnd hinter dem Weibchen herkriechen, welches sich ihm durch Flucht zu entziehen versucht. Dabei werden die Bewegungen der Schlangen immer schneller. Das Männchen versucht sich auf das Weibchen zu schlängeln, dieses zu fixieren. Dabei kommt es häufig zu einem Paarungsbiß, wobei das Männchen sich hinter dem Kopf des Weibchens am Hals festbeißt und es niederdrückt. Das Männchen schiebt seinen Schwanz unter den Hinterleib des Weibchens, umwickelt diesen mit dem Schwanzende, schiebt seine Kloake gegen die des Weibchens und führt einen Hemipenis in die Kloake ein. In dieser Position verbleiben die Tiere für eine Zeitspanne von mehreren Minuten bis hin zu manchmal mehreren Stunden. Von Zeit zu Zeit geht eine Zittern durch den Hinterleib des Männchens, wenn es zum Ausstoß von Spermien kommt. Dieses Paarungsritual vollzieht sich im allgemeinen in Laufe einiger Tage mehrfach. Dabei ist zu beobachten, daß bei den Paarungen die Männchen die Körperseiten regelmäßig wechseln, also sowohl den rechten als auch den linken Hemipenis benutzen. Nach Zweifel 1980 werden die Hemipenes einzeln und getrennt von den Nebenhoden mit Sperma versorgt. Der abwechselnde Gebrauch garantiert also die Übertragung einer möglichst hohe Zahl von Spermien, da diese sich auf der nicht aktiven Seite nachbilden können. Dadurch wird eine bessere Befruchtungsrate erzielt. Man sollte also allein aus diesem Grund den Tieren immer ausreichend Zeit für die Paarungen einräumen. Die meisten Terrarianer raten, das Männchen spätestens nach 10 bis 14 Tagen aus dem Terrarium des Weibchen zu entfernen, damit dieses in Ruhe die Eier austragen und dann auch ablegen kann. Ich habe bei Tieren des *getula*-Komplexes und auch bei Unterarten von *L. triangulum* die Erfahrung gemacht, daß dieses Herausnehmen des Männchen sinnvoll ist,

Lampropeltis-Eier im Brutapparat des Verfassers. Foto: H. Hansen

Paarung und Eiablage

Jungtiere von *L. alterna* sind anfangs blau gefärbt und bekommen erst später die rot-graue Bänderzeichnung der adulten Schlangen. Foto: Helmut Hansen

da sie nach der Eiablage oft gerne die gerade gelegten Eier verspeisen. Bei *L. m. greeri* dagegen habe ich über mehrere Jahre gute Erfahrungen mit einer Gruppenhaltung von je zwei adulten Männchen und Weibchen über die gesamte Fortpflanzungsperiode gemacht. Man sollte den Weibchen auch nach der Kopula weiter Futter anbieten, obwohl nur einige Tiere während der Tragzeit der Eier Nahrung aufnehmen. Da die meisten Weibchen bei guten Bedingungen nach ungefähr 30 Tagen ihre Eier ablegen, muß spätestens 25 Tage nach der ersten beobachteten Kopula ein Legegefäß in das Terrarium eingebracht werden (siehe „Art und Einrichtung der Terrarien"), damit man noch genügend Zeit hat, Temperatur (26 bis 28 °C) und Feuchtigkeit (leicht „erdfeucht") des Legesubstrates zu regulieren. Das Gefäß muß ausreichend groß für Weibchen und Eier sein, damit diese nicht durch die Schlange gequetscht und beschädigt werden. Nach dem Ablegen beginnt die Inkubation der Eier.

Die Inkubation der Eier

Die Eier können auf mehrfache Weise erfolgreich inkubiert werden. Wichtig ist, daß Temperatur und Feuchtigkeit stimmen. Der mögliche Temperaturbereich sollte zwischen 25 und maximal 30 °C liegen. Die durchschnittliche Inkubationszeit beträgt bei ungefähr 28 °C zwischen 60 und 65 Tagen. Je höher die Temperatur, desto kürzer ist die Entwicklungszeit bis zum Schlupf. Ist die Temperatur zu niedrig oder zu hoch, sterben die Embryonen im Ei ab. Die Feuchtigkeit sollte zwischen 80 und 90% liegen. Ist sie zu gering, trocknen die Eier aus. Schimmelbefall und auch Zersetzung einzelner abgestorbener Eier wirkt sich auf gesunde, sich gut entwickelnde Eier im allgemeinen nicht negativ aus. Man sollte diese auch nur dann entfernen, wenn eine Beschädigung der anderen Eier ausgeschlossen ist. Da die Eier eines Geleges oft miteinander verklebt sind, ist ein Trennen und Entfernen meistens nicht ratsam. In der Natur entfernt auch niemand abgestorbene, verpilzte Eier aus dem Gelege und es kommt dennoch zu einer Entwicklung der gesunden.

Die Temperatur beeinflußt aber nicht nur die Dauer der Inkubation, sondern hat auch Auswirkungen auf das Geschlecht der sich entwickelnden Jungschlangen. Bei einer Inkubation im oberen Bereich der genannten Gradwerte erhält man deutlich mehr männliche Nachzuchttiere, bei niedrigen Temperaturen deutlich mehr weibliche. Bei ungefähr 27 bis 28 °C ist das Geschlechterverhältnis meistens ausgewogen. An welchem Tag während der Inkubation der Eier von *Lampropeltis* sich diese Geschlechtsfestlegung vollzieht, ist meines Wissens bisher nicht untersucht worden.

Die Temperatur hält man durch künstliche Wärmezufuhr über Heizmedien, die mittels eines Thermostaten konstant gehalten wird. Die Feuchtigkeit wird meistens über das Brutsubstrat reguliert.

Bei der einfachsten mir bekannten Inkubationsmethode benutzt man eine geschlossene Plastikbox, in der nur einige kleine Bohrungen einen geringen Luftaustausch erlauben. Gefüllt ist die Box mit leicht feuchtem Sand, auf welchem die Eier liegen. Die Box steht auf einem normalen, auf Zimmertemperatur eingestellten Heizkörper. Zum Erhalt der Feuchtigkeit wird lediglich von Zeit zu Zeit etwas Wasser nachgegeben.

Eine gut funktionierende Methode ist die Aquarienmethode. Dabei wird ein Aquarium zu etwa einem Drittel mit Wasser gefüllt, das mittels eines Aquarienheizstabes so temperiert wird, daß die Lufttemperatur ca. 28 °C beträgt. Da das Aquarium noch mit einer Glasplatte abgedeckt wird, ist die Luftfeuchtigkeit annähernd 100%. Im Wasser befinden sich noch zwei Ziegelsteine, auf welchen eine Glasplatte liegt. Auf diese Platte stellt man Blumentöpfe aus Ton, die mit einem Brutsubstrat gefüllt sind, auf welchem die Eier liegen.

Inkubation der Eier

Die Eier werden gegen Tropfwasser durch eine aufgelegte Glasscheibe geschützt. Als Brutsubstrat kann man u. a. Torf oder ein Torf-Sand-Gemisch verwenden. Ich selber bevorzuge den Gebrauch von Vermiculit® Nr. 4. Dies ist ein grobkörniges, leichtes, saugfähiges Material, welches beim Schornstein-bau zu Isolationszwecken verwandt wird. Es ist im Schornsteinfegerbedarf günstig zu erwerben. Ich wähle die grobkörnige Form, damit die Eier zwar eingebettet sind, aber das Medium diese nicht verkleben kann, was bei feinerer Körnung möglich ist.

Ich inkubiere die Eier von *Lampropeltis* in einem selbstgefertigten Brutschrank aus Holz mit den Maßen 40 x 40 x 100 cm. Im Brutschrank sind drei Böden eingebaut, er hat eine Fronttür, die mit Klavierband befestigt ist und von Magnetverschlüssen gehalten wird. Eine elektrische Zuleitung geht zu einem Thermostaten, an den zwei 40W Heizkabel angeschlossen sind, welche von dort zuerst auf den Boden des Brutschrankes gehen und die dann an der Rückwand nach oben geführt sind. Der Brutschrank wird durch die Thermostateinstellung auf 27 °C im vorderen Bereich temperiert. Da die Heizkabel an der Rückwand verlaufen, ist der hintere Bereich ungefähr 1 °C wärmer. Auf dem Boden des Schrankes steht ein Tongefäß mit Wasser, wodurch der gesamte Innenraum Feuchtigkeit erhält. Ein Luftaustausch findet während der täglichen Kontrollen der Eier durch das Öffnen der Tür statt. Auf die Böden stelle ich kleine Plastikterrarien, die einige Lüftungsbohrungen in den Wänden haben und die zur Hälfte mit Vermiculit® Nr. 4 gefüllt sind. Dieses Vermiculit® wird vorher in einem Küchensieb mit heißem Wasser übergossen, damit es Feuchtigkeit ziehen und sich dabei schon erwärmen kann. Dies geschieht einige Tage vor der erwarteten Eiablage, damit sich Temperatur und Feuchtigkeit richtig einstellen lassen. Nach dem Ablegen werden die Eier so in das Vermiculit® gebettet, daß sie ungefähr zur Hälfte bedeckt sind. Dadurch erhalten sie ausreichend Feuchtigkeit unter gleichzeitiger Wahrung von Luftaustausch.

Daneben kann man auch im Handel erhältliche Brutgeräte benutzen, wie sie in Deutschland beispielsweise von den Firmen Jäger in Wächtersbach oder Grumbach in Wetzlar vertrieben werden.

Alle diese Methoden sind praktikabel und führen bei befruchteten Eiern nach aller Erfahrung zu einer Schlupfrate von mindestens 75%. Wie frisch geschlüpfte *Lampropeltis* zu halten und zu füttern sind, wurde bereits erläutert. Wichtig ist eine Einzelhaltung der Jungschlangen, das Vorhandensein eines Trinkgefäßes und eines engen Unterschlupfes, der den Schlangen durch Wandungskontakt Sicherheit gibt, das Angebot an passenden, möglichst kleinen Futtertieren sowie größtmögliche Hygiene, damit sich die kleinen *Lampropeltis* gut entwickeln können. Vor allem aber beim ersten Gelege, welches man durch Zucht erhalten hat, fällt es oft schwer, abzuwarten, bis die jungen Schlangen mit ihrem Eizahn die Schale eröffnet haben, sich zeigen und dann schlüpfen. Es ist ratsam, nicht ungeduldig zu werden, sondern der Natur ihre Zeit zu geben. Alle Daten über Inkubationszeiten sind zwar realistische Erfahrungswerte, da aber jeder Brutvorgang individuell ist, können sie nur Anhaltspunkte sein. Eine gesunde Schlange wird bei vernünftigen Inkubationsbedingungen selbständig schlüpfen, wenn es ihr Entwicklungsstand zuläßt und auch erfordert. Tiere, die nicht selbständig die Eischale eröffnen können, sind nicht gesund oder nicht normal entwickelt. Sehr selten nur ist eine zu dicke Bildung der Eischale die Ursache für ein Nicht-Schlüpfen. Daher lehne ich die Methode des Aufschlitzens von Eiern ab, wie sie etliche Züchter praktizieren. Sie eröffnen ein bis zwei Tage nach dem Schlupf der ersten Schlange aus einem Gelege die restlichen Eier mittels eines dünnen Skalpelles oder einer feinen Schere, um eine Schlupfrate von 100% zu erhalten. Dadurch schlüpfen alle, auch die schwachen Tiere, wachsen heran und geben ihr schwaches Erbgut weiter, was der Qualität des Bestandes nicht dienen kann. In den USA, Mexiko oder wo es sonst *Lampropeltis* in der Natur gibt, steht auch niemend neben den Gelegen, um Hebamme zu spielen. Um einen guten Tierbestand zu erhalten und zu bewahren, muß man leider auch manchmal auf Nachzuchten verzichten können und sollte der Natur nicht ins Handwerk pfuschen.

Das Bestimmen von *Lampropeltis*

In der mir bekannten Literatur findet man in keiner Arbeit einen vollständigen Bestimmungsschlüssel für alle heute beschriebenen Arten und Unterarten von *Lampropeltis*. Auch fehlen Schlüssel für die Familie und die Gattung. Selbst in der umfänglichen Arbeit von Markel 1990, in der alle Unterarten behandelt werden, fehlen sie; die Merkmale der Unterarten werden dort im Text genannt. Bei der Erstellung der Schlüssel beziehe ich mich vor allem auf die Arbeiten von Blaney 1977 für *L. getula* und 1978 für *L. calligaster*, Frank 1994 für *L. triangulum*, Garstka 1982 für den *L. mexicana*-Komplex, Markel 1990, Tanner 1953 und 1983 für *L. pyromelana*, Williams 1978/1988 für *L. triangulum*, Wright/Wright 1979 und Zweifel 1952 und 1974 für *L. zonata*. Die aufgeführten Bestimmungsschlüssel gelten für normal gefärbte, adulte Tiere. Farbmutanten, Hybriden und Bastardisierungen werden selbstredend nicht abgedeckt. Auch erschwert oder verhindert die Zeichnung junger Schlangen einiger Arten (z.B. *L. t. gaigeae*) den Gebrauch der Schlüssel.

Lampropeltis mexicana greeri.   Foto: Helmut Hansen

Bestimmungsschlüssel

A. Schlüssel für die Familie

In der Familie der *Colubridae* wird die Gattung *Lampropeltis* zur Unterfamilie *Colubrinae* gezählt. Diese eigentlichen Nattern besitzen in der Regel nur wenig differenzierte, annähernd gleichartige Zähne im Oberkiefer. Giftzähne sind nie vorhanden. Nattern sind gekennzeichnet durch:
1) Verbreiterte, querliegende Bauchschienen; Zähne in beiden Kiefern.
2) Die Bauchschienen sind gleich der Körperbreite oder überschreiten diese, ihr Anfang ist also an der unteren Körperseite zu sehen. Sie besitzen weniger als 35 Schuppenreihen (über den Rücken gezählt), haben normalerweise zwei Paare vergrößerter Kinnschilder und die auf dem Schädeldach liegenden Schilder sind groß und regelmäßig.
3) Sie haben keine dauerhaft aufgerichteten, mit einem Giftkanal versehenen paarigen Zähne in der Nähe der Oberkieferspitze, sondern besitzen über die Gesamtlänge von Ober- und Unterkiefer solide Zähne.

Nach Wright/Wright 1979 werden bei bunt gefärbten Nattern rote und gelbe Körperfarben durch schwarz getrennt, falls die Farben in Ringen oder Bändern angeordnet sind.

B. Schlüssel für die Gattung

Die Anale (Afterschild) ist ungeteilt, die Subcaudalen (Schilder der Schwanzunterseite) sind paarig. Die Rostrale (Schnauzenschild) ist normal und dringt nicht oder nur leicht zwischen die Internasalen (Schilder zwischen den Nasenlöchern).

Parietale (Stirn- oder Scheitelschilder) und Praefrontale (Vorderstirnschilder) stehen nicht in Kontakt mit den oberen Labialen (Lippenschilder).

Die Körperschuppen sind lanzenförmig, glatt und mit je 2 Apikalporen versehen; sie sind in 17 bis 27 Reihen angeordnet (dorsal = über den Rücken gezählt).

Der Kopf ist nicht oder nur schwach vom Hals abgesetzt. Die Pupille ist rund.

Bei der Kopfbeschilderung findet man 1 Voraugenschild (Praeoculare), 2 Hinteraugenschilder (Postoculare) und 1 Zügelschild (Loreale) zwischen Voraugenschild und dem geteilten Nasenschild. Die Temporalen (Schläfenschilder), die hinter den Postocularen liegen, sind in zwei Reihen angelegt. Man findet entweder 2 + 3 (selten 2 + 2) oder 1 + 2 vor.

Es sind 7 (manchmal 8) obere Labialen (Supralabialia) und meistens und 9 (manchmal 6 oder 8) (7 bis 12) untere Labialen (Sublabialia) vorhanden. Die hinteren Unterkieferschilder (Submaxillaria) werden durch die Kehlschilder (Gularen) geteilt, von denen 3 bis 4 Reihen vor dem ersten Bauchschild liegen. Ist auf dem Schädeldach eine Y-artiges Zeichen zu sehen, so ist der Stamm des Zeichens immer nach hinten gerichtet.

Im hinteren Bereich des Oberkiefers befindet sich kein verlängerter Giftzahn (Merkmal der Trugnattern).
Auf die Besonderheiten bei der Bezahnung und der Hemipenes ist im Abschnitt über die Gattung *Lampropeltis* eingegangen worden.

C. Schlüssel für die Arten

1) Die letzten beiden Maxillarzähne sind gewöhnlich weder länger noch massiger als die vorherigen Oberkieferzähne (*getula*-Komplex) ... **2)**
Die letzten beiden Maxillarzähne sind gewöhnlich länger und massiger als die vorherigen Oberkieferzähne (*triangulum*-Komplex) ... **3)**
2) Die Rückenzeichnung besteht in erster Linie aus hellen (weißen oder gelben) Querbändern, Längsstreifen oder Flecken, welche zumindest im Zentrum einiger Lateralschuppen (Seitenschuppen) zu finden sind. Die Grundfärbung des Rückens ist dunkel. Der Hemipenis ist mittelmäßig bis tief zweilappig gegabelt. ... ***getula***
Die Rückenzeichnung weist in erster Linie eine hell- bis dunkelbraune Grundfärbung mit dunkleren dorsalen (auf dem Rücken) und lateralen (seitlich) Flecken auf, welche kein helles Zentrum haben. Der Hemipenis ist nur leicht und asymmetrisch zweilappig. ... ***calligaster***
3) Die Rückenzeichnung besteht normalerweise aus grauen Bändern oder Flecken, die weiß eingefaßt sind. Diese stehen im Wechsel mit schwarz gesäumten, rot-orange farbenen. Der Kopf ist relativ breit und doch deutlich vom Hals abgesetzt. Auf dem Schädeldach finden sich schwarze Zeichnungsmuster. ... **4)**
Die Rückenzeichnung besteht normalerweise aus Ringen in den Farben rot, schwarz und weiß oder gelb. Der rote Farbring kann zu einem Sattel reduziert sein oder auch gänzlich fehlen. Der Kopf ist schmal und nur wenig vom Hals abgesetzt. Die Oberseite des Kopfes zeigt normalerweise schwarze und weiße oder rote Bänder, selten gegabelte Zeichnungsmuster. ... **5)**
4) Die Regenbogenhaut (Iris) des Auges ist gelblich-braun gefärbt. Auf der Kopfoberseite findet man schwarze, oft Y-artige Zeichnungsmuster, die auch bis in die Nackenpartie reichen können. Es sind 190 bis 212 Bauchschuppen (Ventralia) vorhanden. Die roten Elemente der Schwanzzeichnung setzen sich auch auf der Schwanzunterseite fort. Das erste rote Zeichnungselement auf dem Schwanz ist oft seitlich verbreitert. ... ***mexicana***
Die Iris ist silber-grau gefärbt. Auf der Kopfoberseite findet man schwarze

Bestimmungsschlüssel

Zeichnungsflecke; gelegentlich ist das gesamte Schädeldach schwarz gefärbt. Es sind 210 bis 232 Ventralia vorhanden. Die roten Elemente der Schwanzzeichnung fehlen auf der Schwanzunterseite.
. . . alterna

5) Die Körperzeichnung besteht aus schwarz-rot-schwarzen Ringen (Triaden), die normalerweise von mehr als 40 weißen Ringen (Körper und Schwanz zusammen) voneinander getrennt werden. Das Schädeldach ist schwarz (bei einer Unterart findet man rote Sprenkel), die Schnauzenspitze immer weiß. *. . . pyromelana*
Die Rückenzeichnung besteht aus Ringen (schwarz und rot oder orange) oder Sattelflecken und normalerweise weniger als 40 weißen oder gelblichen Ringen (Körper und Schwanz zusammen). Falls mehr als 40 weiße Ringe vorhanden sind, so ist die Schnauzenspitze schwarz gezeichnet. *. . . 6)*

6) Die schwarzen Körperringe sind schmal und „gerade", klar gegenüber den roten Bändern abgegrenzt. Die Zahl der hellen Ringe beträgt durchschnittlich 29. Sie sind ebenfalls schmal, weißlich bis gerbbraun und oft blaß-grün gesäumt. Der Kopf ist schwarz gefärbt und zeigt auf dem Schädeldach fast immer rote Zeichnungselemente. Die Zahl der Ventralia liegt zwischen 182 und 196. *. . . ruthveni*
Falls die genannten Charakteristika nicht zutreffen *. . . 7)*

7) Die Rückenzeichnung besteht aus weißen und schwarzen Körperringen, wobei die schwarzen Ringe fast immer durch rote Elemente zweigeteilt werden. Die Zahl der weißen Ringe ist größer als 30. Die Schnauzenspitze ist immer schwarz.
. . . zonata
Die Rückenzeichnung besteht aus braunen, grauen oder roten Sattelflecken oder aus roten, schwarzen und weißen oder gelben Ringen oder Rückenbändern. Die Zahl der weißen oder gelben Elemente ist kleiner als 30. Wenn die Schnauze schwarz gefärbt ist, sind die hellen Ringe selten rein weiß. *. . . triangulum*

D. Schlüssel für die Unterarten

Von den acht aufgeführten Arten von *Lampropeltis* sind beim gegenwärtigen Stand der herpetologischen Systematik und Taxonomie bei den fünf Arten, *L. getula*, *L. calligaster*, *L. pyromelana*, *L. zonata* und *L. triangulum* Unterarten anerkannt. Die Schlüssel zur Bestimmung der Unterarten sind im Artenteil den Beschreibungen der einzelnen Arten vorangestellt.

Die systematische Stellung von *L. ruthveni* und auch von *L. alterna*, bei der lediglich zwei Varianten unterschieden werden, ist noch nicht gesichert.

Bei *L. mexicana* hat sich durch die letzte Bearbeitung der Art durch Garstka 1982 der systematische Status meiner Ansicht nach auch nicht verbessert, da er die bis dahin als Unterarten anerkannten *L.m.greeri* und *L.m.thayeri* (mit der *leonis*-Phase) verworfen hat und nur noch als Synonyme von *L. mexicana* aufführt. Die in seiner Arbeit aufgeführten Begründungen sind zwar für den Herpetologen weitgehend nachvollziehbar, für Terrarianer bedeutet es jedoch nur neue Verunsicherung und Verwirrung. Im Artenteil werden wir darauf noch näher eingehen.

L. triangulum smithi. Foto: Stephen Hammack

Lampropeltis triangulum
Erstbeschreibung: Lacepede 1788 Milchschlangen (Milksnakes)

Das Verbreitungsgebiet der Milchschlangen erstreckt sich über gut 5200 km vom südlichen Ontario und südwestlichen Quebec über das Gebiet der USA bis östlich zu den Rocky Mountains, durch Mittel- bis zum nördlichen Südamerika (Ecuador, Kolumbien und Venezuela). In diesem besiedeln sie in Höhenlagen vom Meeresspiegel bis zu 2700 m im nördlichen Südamerika alle nur erdenklichen Lebensräume von wüstenartigen Gebieten bis hin zum tropischen Regenwald.

Lebensraum von *L. triangulum annulata*. Foto: H. Hansen

▶ *L. annulata.* Foto: H. Hansen

L. triangulum-Verbreitung

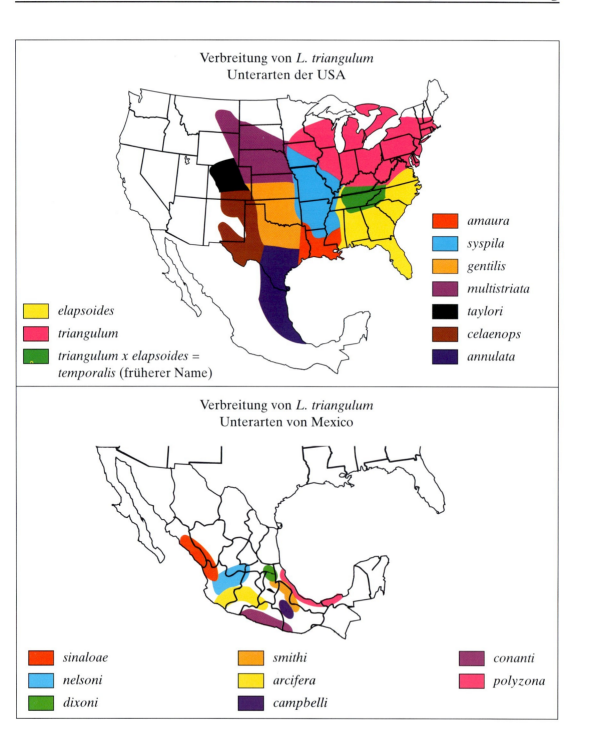

L. triangulum-Verbreitung

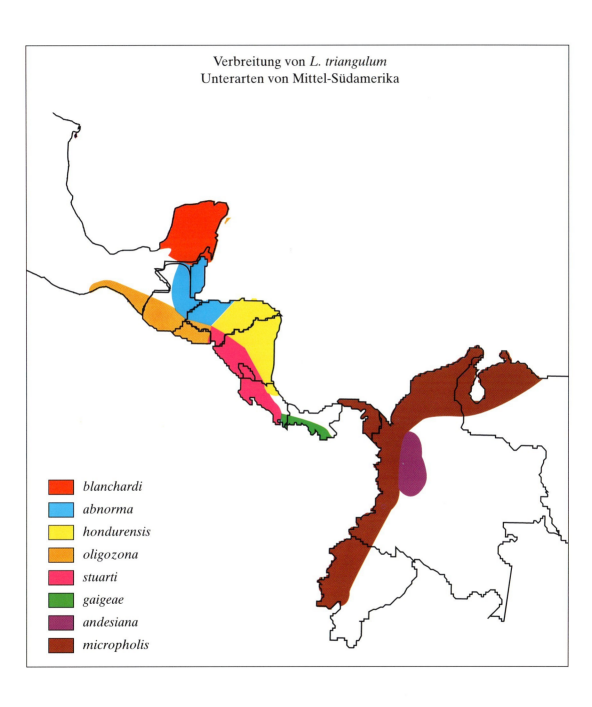

Das Nahrungsspektrum umfaßt bei den meisten Arten vorwiegend Echsen, aber auch Kleinsäuger, Schlangen, Eier, Vögel und seltener wirbellose Tiere und Amphibien.
Es sind sehr variable, farbenprächtige Schlangen, bei denen die Farben rot/ orange, schwarz und weiß/gelb dominieren. Ihre nachgewiesene Maximallänge variiert nach Williams von 56 cm (*L. t. elapsoides*) bis 199 cm (*L. t. micropholis*).
Gegenwärtig sind 25 Unterarten anerkannt, wovon 6 (*smithi, sinaloae, conanti, hondurensis, stuarti, andesiana*) erst durch Williams 1978 in seiner Revision über *Lampropeltis triangulum* und 2 (*dixoni, campbelli*) von Quinn 1983 beschrieben worden sind. Die Unterarten von *L. triangulum* machen ungefähr die Hälfte der zur Gattung gehörenden Schlangenarten aus. Etliche Herpetologen vertreten die Ansicht, daß vor allem bei den aus Mittelamerika stammenden Tieren eine zu große Aufsplitterung in Unterarten erfolgt ist und etlichen eigentlich eher der Status einer Population mit einer gewissen Variationsbreite zukommt. Zukünftige Überarbeitungen sind zu erwarten. Durch die große Ähnlichkeit vieler *Lampropeltis* ist eine eindeutige Zuordnung zu einer Unterart oft sehr schwierig, manchmal auch unmöglich, zumal bei vielen Unterarten natürliche Bastardisierungen bekannt sind. Farbmutationen (melanotische, amelanistische oder anerythrische Tiere) sind von *L. t. hondurensis, L. t. nelsoni, L. t. polyzona* und *L. t. triangulum* bekannt.
Zur möglichst exakten Bestimmung sind genaue Angaben über den Fundort der Schlange, über die Zahl der Rückenbänder sowie über die Anzahl der Körperschuppenreihen in der Körpermitte (Dorsalschuppen 17 - 23), der Bauchschilder (Ventralia 170 - 242), der Schilder der Schwanzunterseite (Subcaudalia 32 - 63), der Oberlippenschilder (Supralabialia 6 - 8, meistens 7) und der Unterlippenschilder (Sublabialia 7 - 11, meistens 9) unerläßlich. Die im folgenden Artenteil angegebenen Werte für die Zahl der Ventralia und der Subcaudalia sind Werte von der geringsten bis zur höchsten feststellbaren Zahl bei einer großen Menge an Schlangen (meistens mehr als 100). Daraus ergibt sich ein Durchschnittswert für die jeweilige Art/ Unterart. Männliche Tiere erreichen zumeist Werte aus dem oberen Bereich, während weibliche Schlangen meistens Werte aus dem unteren Bereich des angegebenen Spektrums haben. Genaue Angaben findet man bei Williams 1978.

L. triangulum hondurensis-Albino-Form.

Schlüssel zu den Unterarten von *Lampropeltis triangulum* nach Williams 1988

1) Die Körperzeichnung besteht aus schwarz eingefaßten Flecken, welche nicht die Bauchseite erreichen ... 2)
   Die Körperzeichnung zeigt rote oder orangefarbene Ringe, die bis auf den Bauch reichen oder deren schwarze Ränder bis dort reichen; oder die gesamte Zeichnung ist durch Schwarzfärbung überlagert und verdeckt ... 3)
2) Braune oder graue (bei Jungtieren rote) Flecken enden gewöhnlich an der dritten oder vierten Körperschuppenreihe; die Kopfzeichnung besteht aus einem dunklen „V" oder „Y", welches mit dem ersten Körperfleck verbunden ist ... *triangulum*
   Rote Flecken enden gewöhnlich an der ersten Schuppenreihe; die Kopfzeichnung ist nicht mit dem ersten Körperflecken verbunden ... *syspila*
3) Bei adulten Tieren ist der gesamte Körper schwarz gefärbt oder die Zeichnungsmuster der Körperringe sind fast vollständig durch schwarze Pigmente überlagert ... *gaigeae*
   Zeichnungsmuster nicht wie zuvor beschrieben ... 4)
4) Rote (oder orangene) Körperringe werden auf dem Bauch durch schwarz unterbrochen; oder schwarze und rote Ringe enden an den Ecken der Bauchschuppen ... 5)
   Die roten Ringe verlaufen vollständig um den Körper; falls schwarz auf der Bauchseite zu finden ist, ist es unregelmäßig und unterbricht rot nicht vollständig ... 11)
5) Die Ringe sind orange anstatt rot und auf den Bauchschuppen durch schwarze Pigmente unterbrochen mit einer weißen Zone in der Mitte des Bauches; oder die orangen und schwarzen Ringe enden an den Ecken der Bauchschuppen ... *multistriata*
   Zeichnungsmuster nicht wie zuvor beschrieben ... 6)
6) Kopf und Schnauze sind schwarz; falls weiß vorhanden ist, liegt es gewöhnlich auf den Internasalen, den Praefrontalen und der vorderen Ecke der Frontalen (Stirnschild) und bildet ein „U", wobei insgesamt jedoch schwarz die vorherrschende Farbe ist; alle oder doch viele der roten Ringe werden auf

Foto: H. Hortenbach

der Bauchseite von schwarz unterbrochen ... **7)**
Zeichnungsmuster nicht wie zuvor beschrieben ... **8)**
7) Die roten Ringe werden auf dem Rücken häufig (wenigstens zu 20%) von schwarz unterbrochen ... **9)**
Die roten Ringe werden auf dem Rücken nicht von schwarz unterbrochen
... ***annulata***
8) Die Zahl der roten Körperringe beträgt im allgemeinen 20 oder mehr; an der Bauchseite bildet der schwarze Rand der roten Ringe einen klaren Saum
... ***celaenops***
Die Zahl der roten Körperringe beträgt im allgemeinen weniger als 20; an der Bauchseite bildet der schwarze Rand der roten Ringe einen unregelmäßigen Saum
... ***amaura***
9) Schnauze mit einem weißen „U", welches in erster Linie auf den Praefrontalen liegt; oder mit weißen Fleckchen in diesen Stellen ... ***campbelli***
Schnauze schwarz ... **10)**
10) Der erste rote Körperring hat mehr als 4 Schuppen Breite; gewöhnlich verlaufen einige rote Ringe vollständig um die Bauchseite ... ***arcifera***
Der erste rote Körperring ist gewöhnlich weniger als 4 Schuppen breit; alle roten Ringe sind auf der Bauchseite durch schwarz unterbrochen ... ***dixoni***
11) Zahl der roten Körperringe weniger als 20 ... **12)**
Zahl der roten Körperringe 20 oder mehr ... **24)**
12) Rote Körperschuppen mit schwarzen Spitzen ... **13)**
Rote Körperschuppen ohne schwarze Spitzen ... **18)**
13) Kopf und Schnauze schwarz ... **14)**
Kopf schwarz mit einem hellen Band oder hellen Sprenkeln auf der Schnauze ... **16)**
14) Kopf schwarz von der Schnauze bis zur hinteren Ecke der Parietalen (Stirnschilder) ... ***blanchardi***
Kopf schwarz, aber die schwarze Pigmentierung erstreckt sich nicht bis zur hinteren Ecke der Parietalen ... **15)**
15) Der erste rote Ring ist gewöhnlich mehr als 16 Schuppen breit, die roten Schuppen sind mit einer ausgedehnten schwarzen Spitze versehen; die Zahl der Bauchschuppen beträgt 220 oder mehr
... ***oligozona***
Der erste rote Ring ist gewöhnlich weniger als 14 Schuppen breit, den roten Schuppen fehlt eine schwarze Spitze entweder ganz oder sie sind nur mäßig schwarz getupft; die Zahl der Bauchschuppen beträgt 216 oder weniger
... ***conanti***
16) Ein schmales weißes (gelbes) Band verläuft quer über die Internasalen und den vorderen Teil der Praefrontalen; oder an Stelle des hellen Bandes erstreckt sich um das Nasenloch eine beträchtliche weiße (gelbe) Zone, die gewöhnlich bis auf die Internasalen und/oder die Praefrontalen reicht ... ***polyzona***
Zeichnungsmuster nicht wie zuvor beschrieben ... **17)**
17) Schnauze mit einem breiten weißen Band

quer über die Praefrontalen; die Oberlippenschilder sind in erster Linie schwarz ... *hondurensis*
Schnauze mit schwarzer Färbung an den Rändern der Schuppen, der Rest der Schuppen ist weiß; Oberlippenschilder weiß mit schwarz an den seitlichen Rändern ... *micropholis*
18) Schnauze mit einem breiten weißen Band quer über die Praefrontalen
 ... *hondurensis*
Zeichnungsmuster nicht wie zuvor beschrieben ... 19)
19) Schnauze mit schwarz an den Schuppenrändern, Rest der Schuppen weiß
 ... *micropholis*
Zeichnungsmuster nicht wie oben beschrieben ... 20)
20) Kopf rot von der Schnauze bis zu einem schwarzen Querband auf dem hinteren Teil der Stirnschilder; Temporale (Schläfenschild) 1 + 2; nicht mehr als 19 Reihen Rückenschuppen in der Körpermitte
 ... *elapsoides*
Zeichnungsmuster nicht wie zuvor beschrieben ... 21)
21) Der erste rote Ring ist gewöhnlich mehr als 18 Schuppen breit ... *sinaloae*
Der erste rote Ring ist gewöhnlich weniger als 15 Schuppen breit ... 22)
22) Die Schnauze ist im allgemeinen von der Mitte der Praefrontalen an bis vorne hin weiß ... *nelsoni*
Zeichnungsmuster nicht wie zuvor beschrieben ... 23)
23) Kopf und Schnauze schwarz ... *conanti*
Kopf schwarz mit weißen Sprenkeln auf der Schnauze ... *amaura*
24) Schnauze mit schwarz geränderten Schuppen, Rest der Schuppen weiß; die Zahl der roten Körperringe beträgt 26 oder mehr
 ... *andesiana*
Zeichnungsmuster nicht wie zuvor beschrieben ... 25)
25) Schnauze gewöhnlich mit hell geränderten Schuppen, Rest der Schuppen schwarz; die Zahl der roten Ringe beträgt im allgemeinen 25 oder weniger ... *smithi*
Zeichnungsmuster nicht wie zuvor beschrieben ... 26)
26) Schnauze mit einem breiten weißen Band ... 27)
Zeichnungsmuster nicht wie zuvor beschrieben ... 29)
27) Weiße Körperringe sind weniger als zwei Schuppen breit, die weißen Schuppen haben ausgedehnte schwarze Spitzen; die roten Ringe sind auf der Rückenmitte häufig durch schwarze Pigmenteinlagerungen unterbrochen ... *abnorma*
Zeichnungsmuster nicht wie zuvor beschrieben ... 28)
28) Schläfenschilder 2 + 3 oder 2 + 2; Zahl der Reihen der Rückenschuppen in der Körpermitte 21 oder 23 ... *hondurensis*
Schläfenschilder 1 + 2; Zahl der Reihen der Rückenschuppen in der Körpermitte beträgt gewöhnlich 19 ... *gaigeae*
29) Kopf schwarz, ein schmales weißes Band verläuft auf der Schnauze ... 30)
Zeichnungsmuster nicht wie zuvor beschrieben ... 31)
30) Ein schmales weißes Band auf der Schnauze kreuzt gewöhnlich die Prae-

frontalen und formt ein deutliches „V"; rote und weiße Schuppen haben schwach ausgeprägte schwarze Spitzen ... *stuarti*
Ein schmales weißes Band auf der Schnauze kreuzt die Grenze zwischen Internasalen und Praefrontalen oder beschränkt sich auf die vordere Hälfte der Praefrontalen, wobei kein deutliches „V" gebildet wird; rote und weiße Schuppen haben schwach bis mittelmäßig schwarz gefärbte Spitzen ... *polyzona*

31) Kopf schwarz mit weiß um die Nasenöffnung herum, welches gewöhnlich bis auf die Ecke der Internasalen und/oder Praefrontalen reicht; rote Schuppen mit ausgedehnten schwarzen Spitzen ... *polyzona*
Zeichnungsmuster nicht wie zuvor beschrieben ... 32)

32) Kopf schwarz gezeichnet, wobei auch die Stirnschilder vollständig schwarz sind
... *blanchardi*
Zeichnungsmuster nicht wie zuvor beschrieben ... 33)

33) Schnauze schwarz oder weiß mit schwarz auf der Mittelnaht der Praefrontalen; schwarze Pigmenteinlagerungen unterbrechen die roten Körperringe auf dem Rücken; die Zahl der roten Körperringe beträgt gewöhnlich 28 oder mehr
... *taylori*
Die Schnauze ist gewöhnlich schwarz mit unregelmäßigen weißen Flecken; schwarze Pigmentierungen unterbrechen oft einige der roten Ringe auf der Rückenmitte und zwar gewöhnlich in der hinteren Körperhälfte; die Zahl der roten Körperringe beträgt gewöhnlich 26 oder weniger ... *gentilis*

L. triangulum-Unterarten

Kurzübersicht zur Bestimmung von Unterarten von
Lampropeltis triangulum nach Frank 1994

L. triangulum micropholis. Foto: Ulrich Kuch

Tabellen-Schema:
Unterart, Name, Bauchseite, Rücken, Kopf, Schnauze

Unterart	Populärname	Bauchseite	Rücken	Kopf	Schnauze
L.t.abnorma	Guatemala-Milchschlange	dreifarbige Ringe umrunden den Körper	rote Ringe genauso breit wie schwarz-weiße Elemente	schwarz	dunkel mit weißem Band
L.t.amaura	Louisiana-Milchschlange	rot umrundet den Körper nicht vollständig	rote Ringe sind breiter als schwarz-weiße Elemente	schwarz	hauptsächlich rot
L.t.andesiana	Anden-Milchschlange	dreifarbige Ringe umrunden den Körper	alle Bänder sind schwarz geflekkt	schwarz zwischen den Augen	weiß
L.t.annulata	Mexikanische Milchschlange	rot umrundet den Körper nicht	rote Ringe genauso breit wie schwarz-weiße Elemente	schwarz	schwarz
L.t.arcifera	Jalisco-Milchschlange	dreifarbige Ringe umrunden den Körper	rote Ringe schmaler als schwarz-weiße Elemente	schwarz	schwarz
L.t.blanchardi	Blanchards Milchschlange	dreifarbige Ringe umrunden den Körper	rote Ringe breiter als schwarz-weiße Elemente	schwarz	schwarz
L.t.campbelli	Puebla-Milchschlange	dreifarbige Ringe umrunden den Körper	rote, schwarze und weiße Bänder sind gleich breit	schwarz	schwarz mit weißer Zeichnung
L.t.celaenops	Neu Mexiko-Milchschlange	rot umrundet nicht den Körper	rote Ringe gleich breit wie schwarz-weiß Elemente	schwarz	schwarz und weiß gesprenkelt
L.t.conanti	Conants Milchschlange	dreifarbige Ringe umrunden den Körper	rote Ringe oft doppelt so breit wie die schwarz-weißen Elemente	schwarz	schwarz
L.t.dixoni	Dixons Milchschlange	rot umrundet nicht den Körper	rote Bänder werden auf der Rückenmitte durch schwarz geteilt	schwarz	schwarz
L.t.elapsoides	Scharlachrote Milchschlange	dreifarbige Ringe umrunden den Körper	rote Ringe sind gleich breit wie die schwarz-weißen Elemente	rot	rot
L.t.gaigeae	Schwarze Milchschlange	schwarz	schwarz	schwarz	schwarz
L.t.gentilis	Central Plains-Milchschlange	rot umrundet nicht den Körper	rote Ringe sind genauso breit wie die schwarz-weißen Elemente	schwarz und weiß	schwarz und weiß

L. triangulum-Tabellarische Übersicht

Unterart	Populärname	Bauchseite	Rücken	Kopf	Schnauze
L.t.hondurensis	Honduras-Milchschlange	Zeichnungsmuster umrundet den Körper	weiße Bänder sind schmal, fehlen oder sind durch orange ersetzt	schwarz zwischen den Augen	breites gelbes Band
L.t.micropholis	Ecuador-Milchschlange	dreifarbige Ringe umrunden den Körper	rote Ringe sind genauso breit wie die schwarz-weißen Elemente	schwarz	schwarz und weiß
L.t.multistriata	Helle Milchschlange	ungezeichnet	breite weiße Bänder, schwarz reduziert	schwarz	orange mit schwarz
L.t.nelsoni	Nelsons Milchschlange	dreifarbige Ringe umrunden den Körper	rote Bänder doppelt so breit wie die schwarz-weißen Elemente	schwarz	weiß
L.t.oligozona	Pazifik-Milchschlange	rot umrundet nicht den Körper	rote Bänder sind so breit wie die schwarz-weißen Elemente	schwarz	schwarz mit gelbem Keil
L.t.polyzona	Atlantik-Milchschlange	Bänder lösen sich am Bauch auf, aber alle Farben bleiben vorhanden	rote Ringe sind breiter als die schwarz-weißen Elemente	schwarz	schwarz mit weißem Band
L.t.sinaloae	Sinaloa-Milchschlange	dreifarbige Ringe umrunden den Körper	breite rote Bänder, die mehr als die doppelte Breite der schwarz-weißen Elemente haben	schwarz	schwarz mit weißen Fleckchen
L.t.smithi	Smiths Milchschlange	dreifarbige Ringe umrunden den Körper	reduzierte rote Ringe, manche sind schmaler als die schwarz-weißen Elemente	schwarz	schwarz und weiß
L.t.stuarti	Stuarts Milchschlange	dreifarbige Ringe umrunden den Körper	rote Ringe so breit wie die schwarz-weißen Elemente	schwarz	weißes „V" auf schwarzem Untergrund
L.t.syspila	Rote Milchschlange	schwarz und weiß „kariert"	schwarz gerändert rote Rückenflecken auf hellem Untergrund	dreifarbig	rot
L.t.taylori	Utah-Milchschlange	gerbbraun oder hell	rote Sattelflecken sind auf hellem Untergrund schwarz gerändert	schwarz und weiß	schwarz
L.t.triangulum	Östliche Milchschlange	schwarz und weiß gemustert	braune Sattelflecken sind auf hellem Untergrund schwarz eingefaßt	dunkel gerandetes „V" oder „Y"	gerbbraun

Lampropeltis triangulum abnorma

Erstbeschreibung: Bocourt 1886 Guatemala - Milchschlange (Guatemalan Milk Snake)
Verbreitung: In Mexiko im nordöstlichen Teil von Chiapas, zumindest in der Gegend um die Lagune Ocotal. Ostwärts durch die flachen und mäßig hohen Regionen von Zentral - und Nordwest Guatemala bis zum äußersten Nordwesten von Honduras.
Kopfzeichnung: Die Mundspitze ist schwarz, dann folgt ein breites, quer über die Mundbreite verlaufendes weißes Band. Der Rest des Kopfes ist vollständig schwarz. Am Kopfende verläuft ein in der Mitte schmales, nach außen breiter werdendes weißes Band, welches den gesamten Körper umschließt. Einige der weißen Schuppen können schwarze Spitzen haben.
Körperzeichnung: 20 bis 31 (Ø 25) rote gleichmäßig verlaufende, breite Bänder werden jeweils durch weiße bis gelbliche Ringe unterbrochen. Die weißen bis gelblichen Ringe sind von mehr oder weniger breiten schwarzen Ringen beidseitig umrandet. Subadulte und adulte Tieren haben eine starke schwarze Pigmentierung in den roten sowie den weiß-gelblichen Ringen.
Körperunterseite: Während die schwarzen und die roten stark pigmentierten Ringe durchgehend verlaufen, zeigt die weiß-gelbliche Zeichnung etwa ab der Mitte der Ventralschuppen eine schwarze Fleckung.
Bestimmung: Dorsalschuppen 21 - 23, Ventralia 219 - 234, Subcaudalia 50 - 61, Supralabialia 7 - 8, Sublabialia 8 - 11, rote Körperringe 20 - 31.
Haltung und Zucht: Meine jetzt subadulten Tiere erhielt ich im juvenilen Alter. Ich setzte die Tiere einzeln und fütterte diese 1 x wöchentlich. Die Tiere sind sehr futterneidisch. Die sehr scheuen und teilweise nervösen Tiere waren als Jungtiere sehr intensiv rot gefärbt. Diese Färbung dunkelt jetzt im subadulten Alter sehr stark ab. Die einst leuchtrote Bänderung ist jetzt sehr stark schwarz pigmentiert. Meine Tiere werde ich erstmals seit ihrem Schlupf bei Temperaturen von etwa 12 bis 15°C für 2 Monate überwintern. Ich halte meine Tiere etwas feuchter als die meisten anderen Unterarten von *Lampropeltis triangulum*. Die Zucht von *Lampropeltis t. abnorma* ist schon vereinzelt in Europa gelungen. Die Paarungszeit beginnt Mitte/Ende März. Die Eiablage erfolgt 6 bis 8 Wochen später. Die Inkubationszeit beträgt 65 bis 73 Tage. Nach der ersten Häutung gehen sie meist sehr willig an neugeborene Mäuse. Die weitere Aufzucht erfordert keine Probleme. Gesamtlänge bis 165 cm, Jungtiere 20 - 25 cm.
Sonstiges: Eine natürliche Verbastardisierung mit den beiden Unterarten *L. t. blanchardi* und *L. t. polyzona* ist aus freier Natur bekannt.

Lampropeltis triangulum amaura
Farbfoto Seite 101

Erstbeschreibung: Cope 1861 Louisiana - Milchschlange (Louisiana Milk Snake)
Verbreitungsgebiet: In den USA von Louisiana westlich bis zum Mississippi und dem angrenzenden östlichen Texas, nordwärts bis zum äußersten Südosten von Oklahoma und dem Südwesten von Arkansas, wobei in den letztgenannten Regionen hauptsächlich das Tal des Red River besiedelt wird.
Kopfzeichnung: Die Schnauzenspitze ist meistens rot, oft weiß und schwarz gesprenkelt. Der restliche Kopf ist schwarz. Es folgt ein breites weißes bis gelblichesBand, das gegen die Kopfunterseite etwas breiter wird.
Körperzeichnung: 13 - 21 rote Körperringe sind sehr regelmäßig über die gesamte Körperoberseite der Schlange verteilt. Die sehr breiten roten Bänder sind von schwarz-weiß-schwarzen Ringen unterbrochen. Die weißen bis gelblichen Ringe werden gegen die Körperunterseite sichtlich breiter und ziehen sich bis auf diese. Die schwarzen schmaleren Umrandungen enden meist an den Seiten.
Körperunterseite: Die Bauchseite ist gelblich gefärbt, wobei sich die roten und schwarzen Bänder gelegentlich bis auf diese erstrecken. Schwarze Flecken können vorhanden sein.
Bestimmung: Dorsalschuppen 21, Ventralia 171 - 201, Subcaudalia 39 - 55, Supralabialia 7, Sublabialia 8 - 10, rote Körperringe 13 - 25.
Haltung und Zucht: Diese Tiere sind in der Art und Haltung der von *L. t. elapsoides* sehr ähnlich. Auch bei der Jungtieraufzucht ist dieselbe Problematik wie bei *L. t. elapsoides* zu erkennen. Deshalb ist die Haltung für Anfänger nicht zu empfehlen. Die Inkubationszeit bei mir abgelegter Eier betrug 46 bis 52 Tage. Die Jungtiere sind beim Schlupf meist mit weiß statt der gelblichen Erwachsenenfärbung gezeichnet. Die Jungtiere messen beim Schlupf 10 bis 14 cm. Die Gesamtlänge dieser Schlange liegt bei etwa 65 cm.
Sonstiges: *Lampropeltis t. amaura* vermischt sich im Norden Arkansas und in Oklahoma oft mit der Nominatform *L. t. triangulum*. Diese Tiere können eine Länge von 80 cm erreichen. Im östlichen Teil von Louisiana trifft sie auf *L. t. syspila* und kreuzt sich mit dieser. Die Anzahl der Körperringe (19 - 29) charakterisieren diese Vereinigung. Auch die im östlichen Teil vorkommende Unterart *L. t. elapsoides* verbastardisiert sich mit der Louisiana-Milchschlange. Diese Bastarde weisen meist rötliche Flecken auf der Mundspitze auf. Im Westen kommt sie bis an das Gebiet von *L. t. annulata* vor und verpaart sich ebenfalls mit dieser Unterart. Im nördlichen Teil reicht ihr Vorkommen bis an das Gebiet der *L. t. gentilis*. Durch diese Tatsachen ist eine genaue Artbeschreibung bei dieser Schlange erschwert.

Lampropeltis triangulum andesiana
Farbfoto Seite 101

Erstbeschreibung: Williams 1978 Anden - Milchschlange (Andean Milk Snake)
Verbreitungsgebiet: Kolumbianischen Anden in Höhenlagen von 250 - 2700 m.
Kopfzeichnung: Die Mundspitze ist weiß bis cremefarben und mit schwarzen Pigmenten versehen. Es folgt ein schwarzes Band, welches sich über die Augen bis zum Kopfende zieht. Angrenzend folgt ein weißes, seitlich breiter werdendes Band, desssen Schuppen an den hinteren/ unteren Rändern mit schwarzen Pigmenten versehen sind.
Körperzeichnung: Die 24 - 37 roten Körperringe verlaufen sehr regelmäßig und sind durch schwarz-weiß-schwarze schmalere Ringe unterbrochen. Die roten sowie die weißen Körperringe sind an den Schuppenspitzen mit schwarzen Pigmenten versehen.
Körperunterseite: Alle Körperringe verlaufen um die gesamte Bauchseite der Schlange. Die weißen Ringe werden zu den Ventralschuppen etwas breiter und verdrängen die beidseitig angrenzenden schwarzen etwas. Rote Ringe haben auf der Bauchseite gelegentlich schwarze Flecken, während die weißen Ringe manchmal durch schwarze Pigmentierungen unterbrochen werden.
Bestimmung: Dorsalschuppen 19, Ventralia 218 - 227, Subcaudalia 40 - 47, Supralabialia 7 - 8, Sublabialia 8 - 9, rote Körperringe 24 - 37.
Haltung und Zucht: Da man diese Schlangen in sehr unterschiedlichen Biotopen - von der trockenen tiefgelegenen Küstenregion (250 m) bis in die kühleren und feuchteren Bergregionen (bis 2700 m) - antrifft, ist eine exakte Haltungsangabe kaum möglich. Während ein Bekannter in der USA seine Tiere bei konstanter Temperatur von 20 bis 24 °C hält, pflege ich meine Tiere bei Tagestemperatur von 28 bis 29 °C und einer Nachtabsenkung auf 22 bis 24 °C. Es sei zu erwähnen, daß die Tiere sich bei mir sehr zurückziehen und erst bei Dunkelheit ihre Aktivitäten zeigen. Es sind sehr beißfreudige und scheue Tiere. Die Nachzucht ist im Zoo von Dallas schon mehrfach geglückt. Die Inkubationszeit der 7 bis 11 Eier beträgt 71 bis 85 Tage. Gesamtlänge bis 145 cm, Jungtiere 20 - 25 cm.
Sonstiges: *L. t. andesiana* trifft in den Gebieten des Rio Cauca sowie im Tal des Rio Magdalena auf die andere südamerikanische Unterart *L. t. micropholis*.

L. triangulum amaura. Foto: H. Hansen

▲ *L. triangulum polyzona.* Foto: Helmut Hansen

▶ *L. triangulum andesiana* Foto: Helmut Hansen

Lampropeltis triangulum annulata

Erstbeschreibung: Kennicott 1861 Mexikanische Milchschlange (Mexican Milk Snake)
Verbreitungsgebiet: Vom südlichsten Texas südwärts bis nach Mexiko in den Süden der Provinz Tamaulipas, westwärts bis in das mittlere Nuevo Leon und in das südliche und östliche Coahuila.
Kopfzeichnung: Der Kopf und die Schnauzenspitze sind vollständig schwarz.
Körperzeichnung: Weiße bis gelbliche oder gelb-orange Ringe gehen meist um den gesamten Körper der Schlange, während die roten Ringe an der Bauchseite enden. Auf der Rückenmitte verengen die schwarzen deutlich die roten Ringe.
Körperunterseite: Schwarz mit gelegentlichen roten oder gelben Sprenkeln, durch die hellen Körperringe unterbrochen.
Beschreibung: Dorsalschuppen 21, Ventralia 181 - 207, Subcaudalia 42 - 56, Supralabialia 7 - 8, Sublabialia 9, rote Ringe 14 - 20, meist 17.
Haltung und Zucht: L. t. annulata läßt sich sehr gut in Gruppen halten. Die Tiere sind untereinander gut verträglich. Meine 3 Tiere halte ich in einem Terrarium von 60 cm Breite, 50 cm Tiefe und 40 cm Höhe. Bei der Fütterung sollte man die Tiere jedoch trennen. Eine Überwinterung der Tiere ist sehr angebracht. Paarungen finden meist von Anfang April bis Mai statt, die Eiablage erfolgt 6 Wochen später. Die Gelegegröße reicht bis zu 10 Eiern, die etwa 16 - 18 mm lang und 12 bis 13 Gramm schwer sind. Die Brutdauer beträgt bei einer Temperatur von 27 bis 28 °C und einer Feuchtigkeit von 95% etwa 62 - 68 Tage. Gesamtlänge bis 92 cm. L. t. annulata lebt in halbwüstenartigen Gegenden unter Steinen, Baumrinden und zerfallenen Wurzeln bis in Höhenlagen von 1200 m. Sie ist dämmerungs- und besonders während der Sommermonate auch nachtaktiv.

L. triangulum annulata. Foto: Peter Vise

Jungtieraufzucht: Die Jungtiere sind beim Schlupf 18 bis 20 cm lang und die sonst gelblichen Ringe sind bei den Jungtieren meist weiß und färben sich erst innerhalb der nächsten Monaten um. Die Jungtiere gehen meist freiwillig nach der ersten Häutung an frischgeborene Mäuse. Die weitere Aufzucht ist ohne Probleme. Diese Unterart ist besonders auch für Anfänger sehr geeignet und kann schon nach 2 Jahren wieder geschlechtsreif sein.

Lampropeltis triangulum arcifera

Erstbeschreibung: Werner 1903 Jalisco - Milchschlange (Jalisco Milk Snake)

Verbreitungsgebiet: In Mexico besiedelt sie die Mesa Central ausgenommen des östlichen Teiles. Sie lebt im südlichen bis mittleren Jalisco um den See Chapula, in trockenen Gebieten des westlichen Queretaro, möglicherweise im Südwesten von Puebla und dem westlichen Hidalgo. Südlich von Morelos bis in den Nordteil von Guerrero, im zentralen Michoacan in dem Gebiet des Lago Patzcuaro.

Kopfzeichnung: Der Kopf ist einfarbig schwarz, einige Exemplare haben weiße Flecken auf dem Nasen- und dem Lorealschild. Ein schmales weißes Band zieht sich vom Ende des Hinterkopfes um den gesamten Körper der Schlange, wobei es sich auf der Körperunterseite verbreitert. Das erste schwarze Band berührt gewöhnlich den Mundwinkel oder endet in einem Abstand von weniger als einer Schuppenbreite und umrundet die Kehle in einer breiten geraden Linie.

Körperzeichnung: 17 - 31 (Ø 21) kräftig rote Ringe winden sich in zum Teil sehr unregelmäßigem Abstand um den Körper dieser Schlange. Teilweise beginnen sie erst an der Seite des Tieres und ziehen sich um die Bauchseite. Rote und weiße Schuppen haben keine schwarze Pigmentierung. Die schwarzen Ringe verjüngen sich an den Körperseiten.

Körperunterseite: Die weißen schmalen Bänder ziehen sich um die gesamte Körperunterseite. Die roten Ringe umringen die Bauchseite nur teilweise und verleihen so dem Aussehen dieser prächtig gefärbten Schlange eine gewisse Unregelmäßigkeit. Breitere schwarze Ringe trennen die schmalen weißen von den roten Ringen ab und ziehen sich teilweise um die Bauchseite.

Die hübsche *L. triangulum arcifera* ist auch für den Anfänger geeignet. Foto: Helmut Hansen

Bestimmung: Dorsalschuppen 21, Ventralia 192 - 217, Subcaudalia 43 - 54, Supralabialia 7 - 8, Sublabialia 7 - 8, rote Körperringe 17 - 31.
Haltung und Zucht: Diese Unterart bewohnt bei mir ein mittelgroßes Terrarium: 60 cm lang, 40 cm breit, 40 cm hoch, das mit Pflanzen bestückt ist. Die Tiere zeigen sich teilweise sehr nervös in ihrem Verhalten. Es ist angebracht, die Tiere 1 - 2 x wöchentlich zu besprühen, da ihr natürliches Vorkommen in teilweise sehr feuchtem Klima liegt. Eine Überwinterung von etwa 2 bis 3 Monaten ist für die Zucht der Tiere von Vorteil. Die Paarung beginnt meist nach der Winterpause und dauert etwa 2 bis 3 Wochen. 6 bis 7 Wochen nach der Paarung setzen die Weibchen 4 bis 6 Eier ab. Eine Inkubationszeit von 62 - 68 Tage ist bis zum Schlupf der Jungtiere notwendig. Gesamtlänge bis 89 cm, Jungtiere 18 bis 22 cm.

Jungtieraufzucht: Die Jungtiere fressen meist nach der ersten Häutung nestjunge Mäuse. Sehr selten müssen Jungtiere zwangsernährt werden, es kommt aber gelegentlich doch vor. Die Tiere werden bei guter Fütterung mit etwa 3 Jahren geschlechtsreif. Trotz ihres teilweise nervösen Verhaltens lassen sich die Tiere gut in Gruppen halten, auch eignen sie sich gut für Anfänger.
Sonstiges: *L. t. arcifera* kommt in einer Höhenlage von 700 - 3500 m vor. Sie bewohnt flache Graslandschaften sowie Waldge-biete. Im nördlichen Zentral-Jalisco sowie im Nordosten Colimas und nordöstlichen Michoacan treffen die beiden Unterarten *L. t. nelsoni* und *L. t. arcifera* aufeinander. *L. t. arcifera* lebt sympatrisch mit *L. ruthveni* in deren Verbreitungsgebiet. Letztere galt lange Zeit als Synonym für *L. t. arcifera*.

Lampropeltis triangulum blanchardi
Farbfoto Seite 43

Erstbeschreibung: Stuart 1935 Blanchards Milchschlange (Blanchard's Milk Snake)
Verbreitungsgebiet: In Mexiko Waldgebiete auf der Halbinsel von Yucatan, in den Provinzen Yucatan (Laubwald), dem östlichem Campeche und Quintana Roo (Regenwald).
Kopfzeichnung: Die Mundspitze sowie der gesamte Kopf sind schwarz. Am Kopfende folgt eine von der Mitte her schmale nach außen größer werdende gelb- bis orangefarbene Bänderung, die um den gesamten Körper geht.
Körperzeichnung: Die Schuppen der 14 bis 20 (Ø 17) roten sowie der gelben (selten weißen) Körperringe sind an den Spitzen meist schwarz pigmentiert. Die roten Ringe werden durch schwarz-gelb-schwarze Ringkombinationen unterbrochen.
Körperunterseite: Die Bänder verlaufen um-

L. triangulum campbelli

den gesamten Körper, dabei werden die gelben (weißen) etwa im hinteren Teil der Ventralschuppen durch schwarze Pigmentierung unterbrochen. Die roten Ringe zeigen zahllose kleine schwarze Fleckchen.

Bestimmung: Dorsalschuppen 21 - 23, Ventralia 206 - 224, Subcaudalia 47 - 58, Supralabialia 7 - 8, Sublabialia 8 - 9, rote Körperringe 14 - 20.

Gesamtlänge bis 106 cm, Jungtiere 20 - 23 cm

Sonstiges: Im nördlichen Teil Guatemalas und im Britisch-Honduras trifft diese nachtaktive Schlange auf *L. t. abnorma*. Über Haltung und Zucht ist nur vereinzelt aus den USA berichtet worden. Dort wird sie ähnlich wie *L. t. abnorma* gehalten. Diese Unterart wird äußerst selten angeboten.

Lampropeltis triangulum campbelli

L. triangulum campbelli, „Apricot"-Phase.   Foto: Stephen Hammack

Erstbeschreibung: Quinn 1983 Puebla - Milchschlange (Pueblan Milk Snake)

Verbreitungsgebiet: In Mexiko vom südlichen Puebla westwärts bis zum östlichen Morelos, nach Süden bis zum nördlichen Oaxaca. Lebt in trockenen Gebieten in Höhenlagen von 1500 bis 1700 m.

Kopfzeichnung: *L. t. campbelli* hat einen schwarzen Kopf mit einer weißen „U"-Zeichnung, die auf den Praefrontalen und der Frontalen liegt. Manchmal ist diese Zeichnung zu weißen Pigmentflecken aufgelöst. Hinter dem schwarzen Kopf folgt ein breites, weißes Band, welches breiter ist als jene der Körpermitte.

Körperzeichnung: Die Farbfolge der breiten, relativ gleichmäßig verlaufenden Bänder ist: weiß, schwarz, rot, schwarz, weiß. Der Schwanz (ab der Kloakenregion) ist meist nur mit 5 schwarzen und weißen Ringen versehen, rot fehlt stets. Auf dem Rücken sind die weißen Bänder schmaler als an der ersten seitlichen (lateralen) Schuppenreihe. Rote wie weiße Schuppen haben keine schwarzen Pigmentierungen.

Körperunterseite: Lediglich etwa die Hälfte der roten Ringe verlaufen um den gesamten Körper, die Rest der Bauchseite ist lediglich schwarz und weiß. Teilweise sind in den weißen Ringen schwarze Flecken eingelagert.

Bestimmung: Dorsalschuppen 21 - 23, Ventralia 196 - 219 (Ø 207), Subcaudalia 40 - 49, Supralabialia 7 - 8, Sublabialia 9 - 10, rote Körperringe 14 - 22 (Ø 17).

Haltung und Zucht: Obwohl diese Unterart sich meist sehr nervös zeigt, eignet sie sich doch gut für Anfänger. Meine Tiere halte ich in mehreren Gruppen (paarweise oder ein Männchen und zwei Weibchen) in kleinen Terrarien (60 cm breit, 50 cm tief, 40 cm hoch). Die Einrichtung gleicht der meiner gesamten Anlage (siehe *L. pyromelana*). Eine Überwinterung von Mitte November bis Mitte Februar halte ich für notwendig, obgleich einige meiner Bekannten Zuchterfolge ohne Überwinterung der Tiere hatten. Die Paarung erfolgt meist Anfang bis Mitte März, die Eiablage etwa 6 Wochen später. Die Gelege von 4 bis 7 Eiern benötigen eine Inkubationszeit von 62 bis 68 Tagen. Die Jungtiere messen beim Schlupf 14 bis 19 cm und fressen nach der ersten Häutung nicht immer nestjunge Mäuse. Bei guter Fütterung dieser hübschen Schlange können diese schon nach zwei Jahren wieder geschlechtsreif sein. Da die Jungtiere oft kannibalische Gelüste entwickeln, empfiehlt es sich, die Tiere bis zur Geschlechtsreife einzeln zu halten. Gesamtlänge bis etwa 95 cm.

Sonstiges: Vorwiegend aus der USA werden auch Tiere angeboten, die statt der weißen Bänder mit gelblichen versehen sind. Diese Tiere bezeichnet man als *L. t. campbelli* „Apricoth-Phase".

Bestimmung: Dorsalschuppen 21, Ventralia 170 - 194, Subcaudalia 40 - 53, Supralabialia 6 - 7, Sublabialia 7 - 9, rote Körperringe 17 - 25.

Haltung im Terrarium: Über die Haltung und Zucht dieser recht seltenen Unterart ist noch wenig bekannt. Die Jungtiere ernähren sich in der Natur vorwiegend von Echsen und verschmähen daher in den ersten 6 Monaten öfters nestjunge Mäuse. Nach Angaben eines amerikanischen Herpetologen findet man diese Tiere äußerst selten in der Natur; meist auf lange Trockenperiode folgende Regenfälle scheinen diese Tiere aus ihrem Versteck zu locken. Gesamtlänge bis 92 cm, Jungtiere 14 - 19 cm.

Lampropeltis triangulum celaenops

Erstbeschreibung: Stejneger 1903 Neu Mexiko - Milchschlange (New Mexico Milk Snake)
Verbreitungsgebiet: In den USA vom Tal des Rio Grande im südlichen und mittleren Neu Mexiko ostwärts in das angrenzende Texas und dann südlich bis zur Big Bend Region in Brewster County, Texas, wo die Schlange Grasländer und Wälder bis zu einer Höhenlage von 2100 m bewohnt.
Kopfzeichnung: Der gesamte Kopf ist bis weit hinter die Augen reichend schwarz gefärbt. Manchmal ist die Schnauzenspitze schwarz und weiß gesprenkelt. Am Hinterkopf folgt dem schwarzgefärbten Teil ein weißes Band.
Körperzeichnung: Die 17 bis 25 (Ø 22) breiten, orange-roten Bänder verlaufen bis in die Ventralschuppen hinein, umrunden aber nicht den Körper. Sie sind durch schwarze Umrandungen von den schmaleren weißen Bändern getrennt. Auf dem Rücken verbreitern sich die schwarzen Bänder, unterbrechen aber normalerweise nicht die roten. Weiße und rote Schuppen sind nicht schwarz pigmentiert.
Körperunterseite: Die weißen Bänder ziehen sich um den gesamten Körper der Schlange und verbreitern sich auf der Bauchseite. In der Mitte der Bauchseite fehlen meistens schwarze Farben. Die orange-roten Ringe zei-

L. triangulum campbelli.   Foto: P. M. Kornacker

gen sich bis zu etwa 1/3 auf den Ventralschildern. Die schwarzen Umrandungen kommen an der Unterseite zusammen.
Bestimmung: Dorsalschuppen 21, Ventralia 170 - 194, Subcaudalia 40 - 53, Supralabialia 6 - 7, Sublabia-lia 7 - 9, rote Körperringe 17 - 25.
Haltung und Zucht: Über Haltung und Zucht dieser seltenen Unterart ist wenig bekannt. Jungtiere ernähren sich fast ausschließlich von Echsen und nehmen in den ersten 6 Lebensmonaten kaum Mäuse als Nahrung an. In der Natur besteht der Hauptteil der Nahrung ebenfalls aus Echsen, vor allem aus Zaunleguanen (*Sceloporus*). In der Wildbahn findet man diese Schlange äußerst selten. Auf längere Trockenperioden folgende Regenfälle locken sie aus ihren Verstecken. Gesamtlänge bis 63 cm.

Lampropeltis triangulum conanti

Erstbeschreibung: Williams 1978 Conants Milchschlange (Conant's Milk Snake)
Verbreitungsgebiet: Sierra Madre del Sur in Guerrero und in Oaxaca, Mexico.
Kopfzeichnung: Der Kopf ist bis zur Mitte der Stirnschilder schwarz. Der folgende weiße Ring umläuft vollständig die Kehle, wobei er auf dem Schädeldach sehr schmal beginnt und zu den Seiten immer breiter wird.
Körperzeichnung: Der erste schwarze Ring beginnt 1,5 bis 3 Schuppen hinter den Stirnschildern und ist an der Bauchseite gewöhnlich nicht vollständig geschlossen oder nur über das erste Ventralia verbunden. Die 11 bis 20 (Ø 17) roten, gewöhnlich mit schwarzen Pigmenten versehenen Bänder, verlaufen sehr gleichmäßig um den gesamten Körper. Die schmalen weißen Ringe sind beidseitig von etwas breiteren schwarzen Ringen umgeben und verlaufen ebenfalls gleichmäßig. Auf den weißen Schuppen sind ebenfalls schwarze Pigmente zu erkennen. Die roten Ringe sind mindestens so breit wie die schwarz-weißen Elemente, können auch bis zu doppelter Breite erreichen.
Körperunterseite: Die Ringe verlaufen um den gesamten Körper, wobei die schwarzen oft in die weißen und roten Ringe einfließen, welche auch schwarze Fleckungen zeigen.
Bestimmung: Dorsalschuppen 19 - 21, Ventralia 196 - 221, Subcaudalia 45 - 57, Supralabialia 6 - 8 (7 in 97,7%), Sublabialia 7 - 10 (9 in 95,6%), rote Körperringe 11 - 20.
Zucht und Haltung: Diese Unterart wird sehr selten angeboten. Sie wirkt sehr nervös, stellt aber keine besonderen Anforderungen an den Pfleger und ist auch für Anhänger geeignet. Die Tiere sollten einer leichten Überwinterung von 2 Monate ausgesetzt werden. Paarungen erfolgen Mitte bis Ende April, etwa 6 Wochen später erfolgt die Eiablage. Die meist 5 bis 7 Eier benötigen 62 bis 68 Tage bis zum Schlupf. Die Jungtiere, 18 bis 22 cm groß, fressen nach der ersten Häutung meist freiwillig neugeborene Mäuse. Die weitere Aufzucht verläuft ohne Probleme. Meine Jungtiere, die ich von einem Bekannten erhielt, pflege ich einzeln und hatte bis heute keine Probleme mit diesen Tieren. Gesamtlänge bis 102 cm.
Sonstiges: *L. t. conanti*, die sonst eher im tropischen Flachland anzutreffen ist (500 - 1650 m), vermischt sich in den höheren Berglagen (Nadel- wie auch Laubwald) des Gebietes um Tehuantepecim, Staat Oaxaca mit *L. t. oligozona*. Im nordöstlichen Teil La Gloria überschneiden sich die Gebiete von *L. t. conanti* und *L. t. polyzona*.

Lampropeltis triangulum dixoni
Farbfoto Seite 65

Erstbeschreibung: Quinn 1983 Dixons Milchschlange (Dixon's Milk Snake)
Verbreitungsgebiet: Bergige Regionen des südlichen San Luis Potosi bis in das Jalpan-Tal im nordöstlichen Queretaro in Mexico.
Kopfzeichnung: Die Mundspitze sowie der Kopf sind bis etwa zur Mitte der Stirnschilder schwarz. Am Kopfende folgt ein weißer breiter Ring, der um den gesamten Körper der Schlange reicht.
Körperzeichnung: 20 bis 22 schmale rote Ringe, die durch sehr breite, meist dorsal triangelförmig zusammenkommende schwarze Ringe unterbrochen werden. Schmale weiße bis gelbliche Ringe verlaufen sehr regelmäßig durch die breite schwarze Bänderung.
Körperunterseite: Während die roten Bänder nur bis zu den Ventralschuppen reichen und dann von einer schwarzen Musterung abgelöst werden, verlaufen die weißen und schwarzen Bänder um den gesamten Körper dieser seltenen Schlange.
Bestimmung: Dorsalschuppen 21, Ventralia 189 - 206, Subcaudalia 45 - 53, Supralabialia 7 - 8, Sublabialia 8 - 10, rote Körperringe 20 - 22. Gesamtlänge bis 107 cm, Jungtiere etwa 20 - 23 cm.
Über Zucht und Haltung dieser sehr seltenen Schlange liegen mir keine Informationen vor.

Lampropeltis triangulum elapsoides

Erstbeschreibung: Holbrook 1838 Scharlachrote Milchschlange (Scarlet Kingsnake)
Verbreitungsgebiet: In den USA an der Küste entlang vom nördlichen Virginia bis nach Florida einschließlich der Inseln an der Südspitze. Westwärts bis Mississippi, im südlichen Kentucky, Tennessee und Alabama.
Kopfzeichnung: Der Kopf der Schlange ist bis zu den Stirnschildern zu 2/3 rot gefärbt. Es folgen ein schmaler schwarzer, ein schmaler gelber oder weißer und wieder ein etwas breiterer schwarzer durchgehender Ring. Die Pupillen der Augen sind schwarz.
Körperzeichnung: Ein kräftiges Rot in 12 bis 22 (Ø 16) Ringen wird von schwarz-gelb (weiß)-schwarzen Ringen unterbrochen. Die roten Ringe sind mindestens so breit wie die anderen Elemente zusammen. Rote und Gelbe (weiße) Schuppen sind nicht schwarz pigmentiert.
Körperunterseite: Die Ringe ziehen sich um den gesamten Körper dieser schönen Schlange, wobei sich die hellen Bänder verbreitern.
Bestimmung: Dorsalschuppen 17 - 19, Ventralia 152 - 194, Subcaudalia 32 - 51, Supralabialia 7, Sublabialia 7 - 10, rote Körperringe 12 - 22.

Allgemeines: Je weiter südlich der Herkunftsort der Tiere liegt, um so breiter sind die gelben (weißen) und schwarzen Ringe. Auch ist die Anzahl der Ringe bei südlichen Formen geringer als bei weiter nördlich lebenden. Körperlänge bis 56 cm, Jungtiere 9 - 13 cm. *L. t. elapsoides* lebt vorwiegend nachtaktiv in Kiefern- und Mischwäldern. Sie mimikriert die mit ihr sympatrisch und teilweise syntopisch lebende Giftnatter *Micrurus fulvius*, die aber an der schwarzen Schnauzenspitze recht leicht zu unterscheiden ist. Aufgrund ihrer geringen Größe ist die Scharlachrote Milchschlange auf sehr kleine Nahrung angewiesen, die hauptsächlich aus Echsen, Schlangen und auch Regenwürmern besteht. Säuger sind im natürlichen Nahrungsspektrum eher die Ausnahme.

Aus Virginia und New Jersey sind natürliche Bastardisierungen mit *L. t. triangulum* bekannt, welche früher als temporalis bezeichnet wurden. In Mississippi kreuzt sie sich mit *L. t. syspila*.

Haltung im Terrarium: Diese kleinbleibende Art von maximal 56 cm Körperlänge stellt keine besonderen Platzansprüche, man kann die Tiere in sogenannten Kleinterrarien halten. Meine 4 Tiere halte ich jeweils einzeln in Terrarien von 25 cm Breite, 30 cm Tiefe und 20 cm Höhe. Da *L. t. elapsoides* sich in der Natur unter anderem auch von Schlangen ernährt, ist es ratsam, diese Tiere einzeln zu halten. Eine Überwinterung der Tiere ist angebracht, aber nicht unbedingt für die Zucht erforderlich.

Zucht und Eiablage: Die Paarungszeit ist Ende Februar (nach der Überwinterung) und dau-

Mit einer Maximallänge von 56 cm zählt *L. triangulum elapsoides* zu den kleinen Arten. Foto: Ludwig Knecht

ert ungefähr 3 Wochen. Während dieser Zeit lasse ich die 2 Paare zusammen. Nach der Paarung setze ich die Tiere wieder einzeln und 6 bis 7 Wochen später erfolgt die Eiablage, wobei die 6 bis 8 Eier meist zu einem Klumpen verkleben. Die Eier benötigen nach meinen Erfahrungen einen Zeitraum von 43 bis 51 Tage bis zum Schlupf. Aufzucht der Jungtiere: Die Jungtiere messen beim Schlupf 9 bis 13 cm und haben statt der gelben Färbung weiße Bänder, die sich erst nach etwa einem Jahr bei den meisten Tieren zu gelblichen Bändern umfärben. Die Aufzucht der Jungtiere erfordert sehr viel Zeit und Geduld. Durch die geringe Körper- und Kopfgröße ist es nicht möglich, die Tiere mit nestjungen Mäusen zu stopfen. Ich greife deshalb zur bewährten „Pinky-Pump" und verfüttere Mäuseschwänze oder in Streifen geschnittenes Rinderherzfleisch. Nach einiger Zeit lege ich diese Futterteile nur noch in das Terrarium, meist wird es dann freiwillig verzehrt. Bis zu 15 Monate werden diese Tiere auf diese Art und Weise 2 x wöchentlich ernährt. Erst nach dieser Zeit sind die Tiere in der Lage, nestjunge Mäuse zu fressen. Bei der Aufzucht sollte man die Tiere auf jeden Fall einzeln halten. Die Geschlechtsreife tritt nach etwa 4 Jahren ein. Durch die schwierige Aufzucht ist das Halten dieser sehr attraktiven Königsnatter für Anfänger nicht zu empfehlen.

Schlüpfende *L. triangulum elapsoides*. Foto: H. Hansen

Lampropeltis triangulum gaigeae

Erstbeschreibung: Dunn 1937 Schwarze Milchschlange (Black Milk Snake)

Verbreitungsgebiet: In Costa Rica bis in höhere Berglagen (1500 bis 2200 m), aber auch von der Küstenebene nördlich von Puntarenas bekannt, außerdem an der Pazifikseite in Panama (bis in 1950 m Höhe).

Kopfzeichnung: Bei Jungtieren ist die Mundspitze schwarz, gefolgt von einem schmalen weiß-gelblichen Band. Der Rest des Kopfes ist schwarz. Am Hinterkopf folgt eine schmale weiß-gelbliche Bänderung, die sich um den gesamten Kopfteil zieht.

Körperzeichnung: Die bei Jungtieren vorhandenen 17 bis 22 (Ø 20) roten, sehr breiten Körperringe werden von schmalen schwarz-weiß-gelblich - schwarzen Ringen unterbrochen. Die roten und die hellen Schuppen sind an ihren Enden sehr stark schwarz pigmentiert und mit zunehmenden Alter vergrößert sich der Schwarzanteil von Häutung zu Häutung. Als adultes Tier ist L. t. gaigeae ist dann vollständig schwarz gefärbt, nur bei wenigen Tieren lassen sich die ehemals vorhandenen Zeichnungselemente erahnen, dann ist meistens auch das helle Band über der Schnauzenspitze zu erkennen.

Körperunterseite: Im Jugendstadium ziehen sich die Körperringe auch um die gesamte Unterseite der Schlange, wobei in den roten Elementen schwarze Flecken zu sehen sind. Mit zunehmenden Alter löst sie sich jedoch in eine uni-dunkelgraue bis schwarze Färbung auf. Lediglich die Kehlregion kann etwas heller erscheinen.

Bestimmung: Dorsalschuppen 19, Ventralia 216 - 236, Subcaudalia 42 - 63, Supralabialia 7, Sublabialia 8 - 10 (9 in 90%), rote Körperringe 17-22 (nur im juvenilen Alter), Gesamtlänge bis 158 cm, Jungtiere 23 - 25 cm.

Haltung und Zucht: Diese überaus seltene Unterart wird vereinzelt in den USA gehalten und zur Zucht gebracht. Ein Bekannter aus der USA hält seine Tiere ganzjährig kühl (20 bis 25 °C) und erhöht die Temperatur nur auf 28 °C zu Zuchtversuchen. Die Inkubationszeit der Eier beträgt 68 bis 76 Tage. Die Aufzucht der frischgeschlüpften Jungtieren bereitet bei etwas kühleren Temperaturen von 22 °C keine Probleme, da sie willig nestjunge Mäuse als Futter annehmen. Interessant ist der schon genannte Farbwechsel zum melanistischen Tier. Die Jungschlange häuten sich in Abständen von etwa 6 Wochen und mit jeder Häutung wird der Anteil der schwarzen Pigmentierung in den roten und den hellen Schuppen größer, bis die Schlange mit etwa einem Jahr vollständig schwarz gefärbt ist. Diese Umfärbung scheint aber doch nicht alle Tiere zu erfassen, da zumindest ein Fall bekannt ist, wo in Costa Rica ein etwa ein Meter langes Tier gefunden wurde, welches noch die Tricolor-Färbung hatte.

Jungtier von *L. triangulum gaigeae*.   Foto: Helmut Hansen

Adultes Tier von *L. triangulum gaigeae*.   Foto: Peter Vise

Lampropeltis triangulum gentilis

Erstbeschreibung: Baird und Girard 1853 Central Plains - Milchschlange (Central Plains Milk Snake)

Verbreitungsgebiet: In den USA in Prärien und Waldgebieten im nördlichen Texas, der westlichen Hälfte von Oklahoma, nordwärts bis in das mittlere und westliche Kansas, östliches Colorado, südzentrales sowie südwestliches Nebraska.

Kopfzeichnung: Die Schnauzenspitze ist schwarz und weiß oder cremefarben gefleckt. Der Rest des Kopfes ist schwarz mit einigen verstreuten kleinen weißen Flecken, die besonders zwischen den Augen liegen. Ein meist etwas schmaleres helles Band beschließt die Kopfzeichnung.

Körperzeichnung: 25 bis 40 helle, meist gelbliche Körperringe ziehen sich mehr oder weniger um die gesamte Körperoberseite. Abgelöst werden diese durch 20 bis 32 (Ø 26) rote Körperringe, welche schwarz umrandet sind. Besonders im hinteren Körperbereich werden die roten Ringe auf dem Rücken von schwarz unterbrochen.

Körperunterseite: Die roten Körperringe enden zumeist an den Ventralschildern und sind auf der Bauchseite durch schwarze Pigmentierung unterbrochen, während sich die cremefarbigen weißen sowie die schwarzen Ringe meist um den gesamten Körper dieser Schlange ziehen.

Bestimmung: Dorsalschuppen 21, Ventralia 181 - 208, Subcaudalia 40 - 51, Supralabialia 7 (6 in 1%), Sublabialia 8 - 10 (9 in 89%), rote Körperringe 20 - 32.

Haltung im Terrarium: *L. t. gentilis* läßt sich sehr gut auch in Gruppen halten. Die Tiere werden in meiner Anlage ähnlich wie *L. t. syspila* gehalten und auch zur Zucht gebracht. Die Überwinterung der Tiere erfolgt von Mitte/Ende November bis Mitte/Ende Februar. Paarung sowie Eiablage erfolgen wie bei *L. t. syspila*. Die Inkubationszeit beträgt 52 bis 59 Tage. Die Jungtiere sind beim Schlupf 14 bis 19 cm groß und fressen nach der ersten Häutung meist selbständig frischgeborene Mäuse. Die weitere Aufzucht erfordert keine größeren Probleme. Die Tiere werden mit 3 bis 4 Jahren geschlechtsreif und können eine Gesamtlänge von 81 cm erreichen.

Sonstiges: Im Südosten von Nebraska sowie im Osten von Kansas treffen *L. t. gentilis* und *L. t. syspila* aufeinander. In Oklahoma ist eine Verpaarung mit *L. t. amaura* möglich, eine Verbastardisierung mit *L. t. multistriata* im Nordwesten von Kansas, Südwesten von Nebraska sowie im Norden von Colorado.

▶ *Lampropeltis triangulum hondurensis* bewohnt Tieflandgebiete in Honduras und Nicaragua. Foto: Peter Vise

L. triangulum hondurensis

L. triangulum hondurensis

L. triangulum hondurensis tricolor **zeichnet sich durch eine intensive Orangefärbung aus.** Foto: Helmut Hansen

Erstbeschreibung: Williams 1978 Honduras - Milchschlange (Honduran Milk Snake)
Verbreitungsgebiet: Hauptsächlich die flachen Regionen (bis 150 m Höhe, ein bekannter Fundort bei 400 m Höhe) der Karibikseite von Honduras mit Ausnahme des äußersten Nordwesten, Nicaragua und wahrscheinlich im Nordosten von Costa Rica.
Kopfzeichnung: Die Schnauzenspitze ist schwarz gefolgt von einem breiten weißen Band auf dem hinteren Rand der Zwischennasenschilder und großen Teilen der Vorderstirnschilder. Der Rest des Kopfes ist bis zum hinteren Viertel der Scheitelschilder schwarz. Der erste schwarze Ring beginnt ein einhalb oder mehr Schuppenlängen hinter den Scheitelschildern und unrundet normalerweise breit die Kehle.
Körperzeichnung: Die 13 bis 26 (Ø 17) roten Körperringe haben an den Schuppenspitzen entweder keine schwarze Pigmentierung oder sind nur ganz schwach getupft. Sie werden von schwarzen Ringen durchbrochen, welche wiederum gelblich-weiße Ringe umschließen. Diese Färbung fehlt bei etlichen Exemplaren. Einerseits kann der gelbe Farbton von rot überlagert sein, wodurch die hellen Bänder leuchtend orangefarben werde. Andererseits kann die rote Farbdominanz so weit gehen, daß bei der sogenannten Tangerine-Morphe

sowohl die hellen als auch die roten Bänder den gleichen Farbton (ein kräftiges orangerot) aufweisen und die Schlange nur noch zweifarbig rot und schwarz ist.
Körperunterseite: Das Zeichnungsmuster umrundet den Körper.
Beschreibung: Dorsalschuppen 21 - 23, Ventralia 216 - 241, Subcaudalia 49 - 61, Supralabialia 7 - 8 (7 in 96%), Sublabialia 8 - 10, rote Körperringe 13 - 26.
Haltung und Zucht: Diese leicht nervösen Tiere halte ich zusammen in einemTerrarium (80 lang x 60 tief x 50 hoch). Eine „leichte" Überwinterung halte ich nicht für unbedingt nötig, hat sich aber bei mir bestens bewährt. Nach der Überwinterung (Mitte/Ende Februar) trenne ich die Geschlechter für einige Zeit. Anfang April setze ich die Tiere wieder zusammen und meist erfolgt sofort der Paarungsakt. Mitte bis Ende Mai erfolgt die Eiablage. Die 5 bis 7 Eier benötigen eine Inkubationszeit von 65 bis 73 Tage. Die Jungtiere messen beim Schlupf 20 bis 25 cm und gehen nach der ersten Häutung sehr willig an nestjunge Mäuse. Die weitere Aufzucht erfolgt ohne Probleme, weshalb man diese Unterart durchaus für Anfänger empfehlen kann. Gesamtlänge bis 152 cm.
Sonstiges: Im nördlichen Teil von Honduras trifft *L. t. hondurensis* auf *L. t. abnorma* und bildet natürliche Bastarde mit teilweise 26 Körperringen, die meist weißlich gefärbt sind.

Lampropeltis triangulum micropholis
Farbfoto Seite 95

Erstbeschreibung: Cope 1861 Ecuador - Milchschlange (Ecuadorian Milk Snake)
Verbreitungsgebiet: Küsten- und untere Bergregionen von der Kanalzone und dem östlichen Panama südwärts bis ins südliche Zentral-Ecuador, ausgenommen sind die höheren Regionen der Anden über 2050 m. Ostwärts bis in das Tal des Rio Magdalena in Kolumbien und bis zur Cordillera de la Costa in Venezuela.
Kopfzeichnung: Die Schnauzenspitze ist weiß mit schmalen schwarzen Begrenzungen an den vorderen und hinteren Ecken der Schuppen. Die Oberlippenschilder sind ebenfalls weiß mit einer schwarzen Begrenzung am hinteren Rand. Der restliche Kopf ist bis zur Mitte oder dem hinteren Drittel der Scheitelschilder schwarz. Am Hinterkopf zieht sich ein zur Seite breiter werdendes weißes bis orangefarbenes Band, dessen Schuppen an den Spitzen jeweils schwarz pigmentiert sind. Körperzeichnung: Der erste schwarze Ring beginnt eine halbe bis drei Schuppen hinter den Scheitelschildern. Die 10 bis 18 (Ø 14) roten, sehr breiten Körperbänder werden von gelblich bis orangen breiten Bänder unterbrochen, die beidseitig von schwarzen Ringen begrenzt sind. Die roten Schuppen haben keine oder mäßig schwarze Fleckchen an den Spitzen, während die Spitzen der hellen Schuppen aus-

giebig schwarze Einlagerungen haben.

Körperunterseite: Alle Körperringe sind fortlaufend um die gesamte Bauchseite der Schlange, wobei die gelblich-orangen Ringe eher breiter werden und die schwarzen Ringe etwas verdrängen.

Bestimmung: Dorsalschuppen 21, Ventralia 209 - 229, Subcaudalia 39 - 51, Supralabialia 7 - 8 (7 in 94%), Sublabialia 8 - 10 (9 in 84%), rote Körperringe 10 - 18, Gesamtlänge bis 199 cm, Jungtiere etwa 25 - 30 cm.

Terrarienhaltung: Über die Zucht und Haltung sowie Verhaltensforschungen in der Natur ist sehr wenig bekannt. Ulrich Kuch (persönliche Mitteilung an R. Thissen) berichtet über drei Tiere, die aus der Provinz Los Rios in Ecuador stammen. Ihr Lebenszyklus wird durch Trocken- und Regenzeit bestimmt, die dort deutlich abgegrenzt sind. Während in der Trockenzeit die Ruhephase liegt, steigt mit der höheren Temperatur zur Regenzeit auch die Aktivität der Tiere. Zur Haltung benötigt man ein großes Regenwaldterrarium, dessen Länge schon 140cm bei 60cm Höhe und Tiefe betragen sollte. Die tagaktiven Tiere benötigen einen Sicherheit bietenden Unterschlupf, die Temperatur sollte schon 25 °C betragen. Es sind sehr schnelle Tiere, die schnell zubeißen und den Biß auch halten. Vor allem bei frisch gefangenen *L. t. micropholis* kann man beobachten, daß die Tiere in Falle des Zubeißens sich regelrecht „festkauen".

Sonstiges: In den Tälern des Rio Cauca sowie des Rio Magdalena trifft diese seltene Unterart auf *L. t. andesiana*. Natürliche Bastardisierung ist bekannt.

Lebensraum von *L. triangulum micropholis* in Ecuador.　　　Foto: Heinz Hirsche

Lampropeltis triangulum multistriata

Erstbeschreibung: Kennicott 1861 Helle Milchschlange (Pale Milk Snake)

Verbreitungsgebiet: In den USA auf den Hochebenen im nordwestlichen Nebraska, mittleren und westlichen Süd-Dakota, Nordosten und mittlerer Norden von Wyoming sowie südöstliches und mittleres Montana.

Kopfzeichnung: Die Schnauzenspitze ist gelblich/orange und mit schwarzen Pigmenten versehen. Die Lippenschilder sind hell. Auf dem Schädeldach folgt eine Schwarzfärbung, die sich wie eine Platte über den Vorderteil des Kopfes zieht. Die Augen werden nur teilweise von dieser schwarzen Färbung erfaßt. Ein schmaler weißer Ring zieht sich anschließend um den Hinterkopf. Das erste schwarze Band nach der Kopfzeichnung zieht sich an der Seite nur bis zu den Ventralschuppen und endet ohne den gesamten Körper der Schlange zu umrunden.

Körperzeichnung: 22 bis 32 (Ø 27) orange Sattelflecken oder unvollständige Ringe, die mit schwarzer Umrandung versehen sind, charakterisieren die Körperfärbung. Die Sattelflecken enden an der Seite, meist bevor sie die Ventralschuppen erreichen. Die schwarzen Umrandungen kommen oft auf dem Rücken zusammen und trennen die orangen Sattelflecken in der Mitte. Die hellen Ringe sind vollständig. In den hellen und den roten Schuppen sind keine schwarzen Pigmente eingelagert.

Körperunterseite: Die weiß bis cremefarbige Körperfärbung setzt sich auf der gesamten Bauchseite durch und wird nur durch die schwarzen Umrandungsfelder der Sattelflecken an der Körperunterseite sowie durch einige dunkle Flecken unterbrochen.

Bestimmung: Dorsalschuppen 21, Ventralia 186 - 204, Subcaudalia 42 - 55, Supralabialia 7, Sublabialia 8 - 10, orange Körperringe 22 - 32, Gesamtlänge bis 85 cm, Jungtiere beim Schlupf 15 - 20 cm.

Sonstiges: Im Nordosten von Colorado treffen die beiden Unterarten *L. t. multistriata* und *L. t. gentilis* zusammen. Die daraus resultierenden Nachkommen weisen mehr schwarze Pigmente auf der Kopfseite auf als bei der reinen Unterart. Die schwarzen Umrandungen der Sattelflecken kommen auf der Körperoberseite seltener zusammen. Die in Südost-Süd-Dakota existenten Bastarde mit *L. t. syspila* gleichen mehr dieser Unterart. Über Haltung und Zucht dieser Unterart von *L. triangulum* konnte ich bis heute keine eigenen Beobachtungen machen, sie wird aber in der USA teilweise erfolgreich gehalten und auch gezüchtet. Über die Inkubationszeit der Eier ist mir leider nichts bekannt, sie dürfte aber ähnlich wie bei *L. t. gentilis* sein.

Lampropeltis triangulum nelsoni

Erstbeschreibung: Blanchard 1920 Nelsons Milchschlange (Nelson's Milk Snake)

Verbreitungsgebiet: In Mexiko Küstenregionen und flachere Gegenden vom südlichen Guanajuato westlich durch das zentrale Jalisco, wobei höhere Regionen gemieden werden, bis zur Pazifikküste. Südwärts durch die Küstengebiete von Colima und bis zur schmalen Küstenebene des nordwestlichen Michoacan, auch auf der Insel Tres Marias, die mit tropischen Laubwald bedeckt ist.

Kopfzeichnung: Die Schnauze ist ab der Mitte des Vorderstirnschildes weiß, gelegentlich sind einige kleine schwarze Pigmentfleckchen zu sehen. Der restliche Teil des Kopfes ist schwarz. Die erste weiße Ringzeichnung beginnt gewöhnlich mehr als eine Schuppenlänge hinter dem Mundwinkel und ist meistens unvollständig oder nur dünn die Kehle umspannend. Er ist deutlich breiter als bei der oft mit ihr verwechselten Unterart *L. t. sinaloae*.

Körperzeichnung: Die 13 bis 18 (Ø 16) meist regelmäßig verlaufenden roten Körperringe geben dieser Schlange ein elegantes Aussehen. Die roten Ringe werden jeweils unterbrochen von schwarz-weiß-schwarzen Ringen, die zusammen halb so breit sind wie die roten Ringe. Rote und weiße Schuppen sind nicht schwarz pigmentiert.

Körperunterseite: Sämtliche Körperringe ziehen sich um die Bauchseite der Schlange.

Bei *L. triangulum nelsoni* handelt es sich um eine friedfertige, auch für Anfänger geeignete Schlange. Foto: L. Lemke

Bestimmung: Dorsalschuppen 21 oder 23, Ventralia 203 - 231, Subcaudalia 42 - 55, Supralabialia 7 - 8 (7 in 96%), Sublabialia 9 - 10, rote Körperringe 13 - 18

Haltung im Terrarium: Diese Unterart läßt sich sehr gut auch in Gruppen von mehreren Tieren halten. Durch ihre besonders friedfertige und ruhige Art ist sie besonders für Anfänger sehr geeignet. Meine Tiere pflege ich in einem Terrarium von 80 cm Breite, 50 cm Tiefe, 50 cm Höhe. Eine Überwinterung findet bei mir von Mitte November bis Mitte Februar statt. Die Paarungszeit dieser Tiere beginnt jedoch erst Anfang Mai und dauert etwa 2 bis 3 Wochen. Die Eiablage erfolgt 6 bis 8 Wochen später. Wichtig zu erwähnen sei noch folgendes: Die Männchen fressen mit Vorliebe die Gelege, weshalb man die Weibchen vor der Eiablage einzeln setzen sollte. Die 6 bis 8 Eier sind meist zu einem Klumpen zusammengeklebt und benötigen 62 bis 68 Tage bis zum Schlupf der 20 - 24 cm langen Jungtiere. Die Aufzucht der Jungtiere bereitet keine besonderen Schwierigkeiten. Die Geschlechtsreife erfolgt nach 2 bis 3 Jahren bei einer Gesamtlänge bis 102 cm.

Sonstiges: Aus Jalisco ist eine Bastardisierung mit *L. t. sinaloae* bekannt.

Lampropeltis triangulum oligozona
Farbfoto Seite 50

Erstbeschreibung: Bocourt 1886 Pazifik - Milchschlange (Pacific Central American Milk Snake)

Verbreitungsgebiet: Bewohnt die flachen Gebiete in Mexiko am Pazifik von der Gegend um das Dorf Tehuantepec in Oaxaca, ost- und südostwärts entlang der Küste und den angrenzenden Vorgebirgen (bis zu 500 m Höhe) von Chiapas und Guatemala.

Kopfzeichnung: Die Schnauzenspitze ist schwarz. Auf den Internasalia und den Praefrontalia kann sich eine weiße oder gelbe Zeichnung befinden, die wie eine in Richtung Körper gerichtete Pfeilspitze aussieht. Der restliche Kopf ist bis zum hinteren Teil der Scheitelschilder schwarz.

Körperzeichnung: Der erste schwarze Körperring beginnt eine halbe bis drei Schuppenlängen hinter den Scheitelschildern und umrundet normalerweise die Kehle über zwei Reihen der Kehlschilder. Die 10 bis 16 (Ø 13) breiten roten Körperringe verlaufen in gleichmäßigen Abständen und werden jeweils durch schwarz-weiß-schwarze Ringkombinationen voneinander getrennt. Die roten sowie die weißen Schuppen sind mit deutlichen schwarzen Spitzen an der Schuppenspitze versehen. Manchmal sind die weißen Ringe durch schwarze Pigmenteinlagerungen fast aufgelöst.

Körperunterseite: Die roten Bänder verlaufen nur bis zu den Ventralschuppen und werden dort durch weiße Ventralschilder abgelöst. Auch die schmalen weißen Ringe enden an den Ventralschuppen, werden aber durch schwarze Ventralschilder abgelöst. Die

schwarze Ringe umrunden den Körper vollständig.
Bestimmung: Körperschuppen 21 oder meist 23, Ventralia 221 - 234, Subcaudalia 47 - 61, Supralabialia 6 - 7 (7 in 91%), Sublabialia 8 - 10 (9 in 76%), rote Körperringe 10 - 16.
Über Zucht und Haltung dieser Schlange in Europa liegen mir zur Zeit keine Kenntnisse vor. *L. t. oligozona* wird aber bereits in den USA nachgezüchtet, allerdings nur sehr selten abgeboten. Gesamtlänge bis 95 cm, Jungschlangen 20 - 25 cm.
Sonstiges: Diese Schlange vermischt sich in Überschneidungsgebieten mit den drei Unterarten *polyzona*, *campbelli* und *conanti*, möglicherweise auch noch mit *arcifera*.

Lampropeltis triangulum polyzona
Farbfoto Seite 101

Erstbeschreibung: Cope 1861 Atlantik - Milchschlange (Atlantic Central American Milk Snake)
Verbreitungsgebiet: An der Atlantik-Küste Mexikos in tropischen Regenwäldern in der Küstenebene und Vorgebirgen von Veracruz, entlang der Flußtäler bis in das östliche San Luis Potosi, nach Süden bis in die Isthmusregion, wo sich das Vorkommensgebiet verbreitert, nach Osten bis nach Tabasco. Nach Williams 1988 am Vulkan San Martin, Veracruz, auch in Höhen von fast 2000 m.
Kopfzeichnung: Die Schnauzenspitze ist schwarz. Ein schmales weißes Band verläuft kurz nach der Mundspitze quer über den Mund. Bei manchen Exemplaren ist es durch die vom Kopf herführende schwarze Zeichnung in der Mitte unterbrochen. Der Rest des Kopfes ist schwarz gefärbt. Am Ende des Kopfes verläuft ein weißes Band, das von der Kopfmitte zur Seite breiter wird und sich um den gesamten Körper zieht. Die ersten vier Unterlippenschilder sind oft schwarz, die restlichen in jedem Fall weiß gefärbt.
Körperzeichnung: Die 16 bis 22 (Ø 19) roten Körperringe verlaufen gleichmäßig um den gesamten Körper dieser Schlange. Die weißen Körperringe sind beidseitig mit je einem etwa gleichbreiten verlaufenden Band gekennzeichnet. Die roten sowie die weißen Ringe sind mit schwarzen Spitzen versehen, die im zunehmenden Alter der Schlange ein relativ dunkles Aussehen verleihen.
Körperunterseite: Die roten sowie die weißen Ringe werden an der Unterseite der Schlange oft durch schwarze Ventralschuppen unterbrochen.
Bestimmung: Dorsalschuppen 21 oder 23, Ventralia 215 - 235, Subcaudalschilder 50 - 62, Supralabialia 7 - 8 (7 in 98%), Sublabialia 8 - 9 (9 in 93%), rote Körperringe 16 - 22.
Haltung: Diese Unterart wird in Europa bereits häufig nachgezüchtet. Die Haltung stellt keine besonderen Anforderungen und eignet sich auch gut für Anfänger. Allerdings benötigt diese Art aufgrund ihrer Größe ein etwas geräumigeres Terrarium. Eine leichte Überwinterung der Tiere ist anzuraten, aber

nicht von unbedingter Notwendigkeit. Im Frühjahr (März, April) erfolgt die Paarung. Die Eiablage geschieht 6 bis 8 Wochen danach. Die 6 bis 8 Eier benötigen eine Inkubationszeit von 65 bis 72 Tagen. Die Jungtiere messen beim Schlupf 23 bis 28 cm und bereiten bei der Aufzucht keine Schwierigkeiten. Bei *L. t. polyzona* tritt die Geschlechtsreife mit etwa 3 Jahren und einer Gesamtlänge bis 149 cm ein.

Lampropeltis triangulum sinaloae

Erstbeschreibung: Williams 1978 Sinaloa - Milchschlange (Sinaloan Milk Snake)

Verbreitungsgebiet: In Mexiko vom südwestlichen Sonora südostwärts vorwiegend im Tiefland eines breiten Küstenstreifens und in den Vorgebirgen unter 1000 m Höhe von Sinaloa bis in die Nähe der Südgrenze von Nayarit und den Flußlauf des Rio Fuerte hinauf bis in das südwestliche Chihuahua.

Kopfzeichnung: Der Kopf ist schwarz mit weißen Flecken um die Schnauzenspitze.

Körperzeichnung: Der erste schwarze Ring berührt entweder den Mundwinkel oder liegt weniger als eine Schuppenbreite dahinter, er

Die hübsch gezeichnete *L. triangulum sinaloae* wird bis zu 120 cm groß.
Foto: Doug Duerre

bildet auf der Kehle ein „V". Die schwarzen Ringe sind auf dem Rücken zwei bis zwei und ein halb Schuppen breit und verjüngen sich auf den Seiten noch. Die 10 - 16 (Ø 13) roten Ringe sind mehr als doppelt so breit wie die schwarzen und weißen zusammen. Rote Schuppen sind nicht schwarz pigmentiert. Die zwei letzten roten Ringe des Schwanzes sind stark durch schwarze Pigmente verdunkelt.

Körperunterseite: Alle Ringe verlaufen vollständig um den Körper, wobei die roten Bänder auf der Bauchseite schwarze Pigmentierungen zeigen.

Bestimmung: Dorsalschuppen 21 - 23, Ventralia 205 - 228, Subcaudalia 42 - 60, Supralabialia 6 - 8 (7 in 95%), Sublabialia 7 - 10 (9 in 94%), rote Körperringe 10 - 16.

Haltung und Zucht: Diese Unterart eignet sich besonders für Anfänger sehr gut. Sie stellt keine besonderen Ansprüche und ist leicht zu züchten. Eine kurze Überwinterung ist ratsam. Meine drei Tiere halte ich in einem Terrarium von 80 cm Länge, 50 cm Tiefe und 40 cm Breite. In der Regel werden die Männchen (122 und 102 cm) etwas größer als die weiblichen Tiere. Die Paarungszeit ist Ende April bis Mitte Mai, die Eiablage der 6 bis 12 Eier etwa 6 Wochen später. Die Inkubationszeit beträgt bei 27 bis 28 °C etwa 65 bis 70 Tage. Gesamtlänge bis 127 cm.

Lampropeltis triangulum smithi
Farbfoto Seite 86

Erstbeschreibung: Williams 1978 Smiths Milchschlange (Smith's Milk Snake)

Verbreitungsgebiet: Tropische Trockenwälder und die Küstenregionen in Mexiko in der Sierra Madre Oriental vom südöstlichen San Luis Potosi südwärts durch das östliche Queretaro, Hidalgo, nordöstliches Puebla bis in die Gegend von Jalapa in Veracruz.

Kopfzeichnung: Die Kopfspitze ist schwarz und weiß gezeichnet, wobei der vordere Teil der Zwischennasenschilder, der Vorderstirnschilder, der Nasenschilder, der Zügelschilder, der Voraugenschilder, der Oberlippen- und der Unterlippenschilder weiß, der hintere schwarz ist. Das Schädeldach ist schwarz. Am Kopfende folgt ein weißes Band, das den Körper umrundet.

Körperzeichnung: Der erste schwarze Ring beginnt gewöhnlich an der hinteren Spitze der Scheitelschilder oder weniger als eine Schuppenlänge dahinter. Die 19 bis 30 (Ø 25) roten Ringe ziehen sich um den gesamten Körper, unterbrochen werden sie von schwarz-weiß-schwarzen Ringen, die ebenfalls um den gesamten Körper laufen. Rote und weiße Schuppen zeigen kleine schwarze Spitzen.

Körperunterseite: Die Ringe ziehen sich regelmäßig auch um die Bauchseite, wobei in den roten Ringe oft unregelmäßig schwarze Pigmentierungen wie verstreut zu finden sind.

Bestimmung: Dorsalschuppen 21, Ventralia 204 - 225, Subcaudalia 45 - 62, Supralabialia 6 - 7 (7 in 97%), Sublabialia 8 - 10 (9 in 94%), rote Körperringe 19 - 30, Gesamtlänge

bis 114 cm, Jungtiere 20 - 23 cm.
Diese triangulum-Unterart wird bereits erfolgreich in den USA nachgezüchtet. Von Haltungserfahrungen in Europa fehlt mir jegliche Information. Natürliche Bastarde mit *L. t. polyzona* sind bekannt.

Lampropeltis triangulum stuarti

Erstbeschreibung: Williams 1978 Stuarts Milchschlange (Stuart's Milk Snake)
Verbreitungsgebiet: Trockenwälder und Küstenebene auf der Pazifikseite von El Salvador, Honduras, Nicaragua und im nordwestlichen Teil von Costa Rica.
Kopfzeichnung: Die Schnauzenspitze ist schwarz mit einem schmalen weißen Band in der Form einer Pfeilspitze, welche in Richtung Körper zeigt. Der Rest des Kopfes ist schwarz. Am Kopfende verläuft ein zur Seite breiter werdendes weißes Band, das sich um den gesamten Kopf zieht.
Körperzeichnung: Der erste schwarze Ring beginnt an der hinteren Ecke der Scheitelschilder oder ein bis zwei Schuppenlängen dahinter. Er berührt gewöhnlich den Mundwinkel und umringt die Kehle vollständig, indem er auch die Gularen und ein bis zwei Bauchschuppen einschließt. Die Schuppen 19 bis 28 (Ø 23) roten, breiten Bänder sind nicht mit schwarz pigmentiert oder lediglich an den hinteren Spitzen leicht schwarz getupft, was bei adulten Tieren ausgeprägter als bei Jungtieren ist. In den weißen Schuppen sind starke Schwarzanteile zu finden. Schwarz-weißschwarze Ringe unterbrechen die breiten, roten Körperbänder und verlaufen sehr gleichmäßig.

Lampropeltis triangulum stuarti. Foto: Helmut Hansen

Körperunterseite: Sämtliche Ringe ziehen sich um die gesamte Unterseite der Schlange, wobei die weißen Ringe teilweise schwarze Flecken aufweisen, während die schwarzen Ringe weiße und die roten Ringe wiederum schwarze haben.
Bestimmung: Dorsalschuppen 21, Ventralia 219 - 242, Subcaudalia 49 - 59, Supralabialia 7 - 8 (7 in 98%), Sublabialia 8 - 11 (9 in 78%), rote Körperringe 19 - 28.
Haltung und Zucht: Die in Europa nur vereinzelt gehaltene Unterart erweist sich in der Terrarienhaltung als überaus nervös und

ängstlich. Meine Tiere halte ich aus diesem Grund einzeln. Eine leichte Überwinterung ist nicht unbedingt erforderlich, aber trotzdem anzuraten. Die Paarung findet Ende März bis Mitte Mai statt. Die Eiablagen zwischen Mitte April bis Ende Mai. Die Gelegegröße beträgt 5 bis 7 Eier, die eine Inkubationszeit von 65 bis 73 Tage bis zum Schlupf der Jungtiere benötigen. Diese messen 22 bis 25 cm und sind sehr intensiv gefärbt. Die schwarze Pigmentzeichnung setzt erst nach etwa 1 Jahr ein und wird von Häutung zu Häutung stärker. Die Jungtiere fressen nach der ersten Häutung nestjunge Mäuse und werden nach etwa 3 Jahren bei einer Gesamtlänge bis zu 123 cm geschlechtsfähig.

Sonstiges: In Teilgebieten von Guatemala treffen die beiden Unterarten *L. t. stuarti* und *L. t. oligozona* aufeinander und natürliche Bastarde sind die Folge. Bei diesen Tieren ist es oft nicht möglich, sie in eine Gruppe einzuordnen, da sie Merkmale beider Unterarten haben.

Lampropeltis triangulum syspila

Die Rote Milchschlange *L. t. syspila*. Foto: Louis Knecht

Erstbeschreibung: Cope 1888 Rote Milchschlange (Red Milk Snake)
Verbreitungsgebiet: In den USA hauptsächlich in Wäldern und felsigen, grasbedeckten Hügellandschaften im südlichen Illinois, extremen westlichen Kentucky, Nordwesten von Tennessee, Missouri, im zentralen und nördlichen Arkansas, nordöstlichen Oklahoma, öst-

L. triangulum syspila

lichen Kansas, südwestlichen Iowa, östliche Nebraska und extrem südöstlichen South Dakota.

Kopfzeichnung: Die Schnauzenspitze ist weiß, bei manchen Tieren auch rötlich. Ein schmales schwarzes Band findet sich auf dem hinteren Teil der Scheitelschilder oder diese sind fast vollständig schwarz pigmentiert. Der Rest des Kopfes ist rot, manchmal mit verstreuten schwarzen Flecken oder einem dunklen Winkel an den hinteren Ecken der Vorderstirnschilder.

Körperzeichnung: Die 16 - 31 (Ø 23) großen, roten bis orangen Sattelflecken enden an der Hälfte der Körperseite und werden durch kleinere, versetzt auftretende rote Flecken ersetzt, die normalerweise bis zum Rand der Bauchschuppen reichen. Die großen sowie die kleineren Flecken weisen eine schwarze Umrandung von einer Schuppenbreite auf, wodurch die ansonsten creme/weiße Körperfarbe von den Sattelflecken getrennt wird.

Körperunterseite: Schwarze und weiße Ventralschuppen lösen sich in unregelmäßigem Abstand auf und lassen die Körperunterseite „kariert" erscheinen. Rot ist nicht vorhanden.

Bestimmung: Dorsalschuppen 21, Ventralia 170 - 212, Subcaudalia 37 - 54, Supralabialia 6 - 7 (7 in 99%), Sublabialia 8 - 10 (9 in 80%), rote Körperringe 16 - 31, Gesamtlänge bis 99 cm.

Haltung im Terrarium: Durch die geringe Größe läßt sich *L. t. syspila* stets gut in kleineren Terrarien pflegen. Meine beiden Tiere halte ich ganzjährig zusammen und es gab bisher noch nie größere Probleme. Eine Überwinterung dieser Unterart ist anzuraten. Ich überwintere meine Tiere bei etwa 12°C von Mitte/Ende November bis Mitte/Ende Februar. Nach der Winterruhe verpaaren sich meine Tiere und ungefähr 6 Wochen später setzt das Weibchen 5 bis 7 Eier ab, die meistens zu einem Klumpen verklebt sind. Das Männchen separiere ich zu dieser Zeit. Die Inkubationszeit der Eier beträgt nach meinen Erfahrungen zwischen 49 und 56 Tagen.

Jungtieraufzucht: Die Jungtiere sind beim Schlupf 14 bis 18 cm lang und müssen bei mir etwa über 3 Monate 2 x wöchentlich unter Mithilfe der „Pinky-Pump" ernährt werden. Nach etwa 3 Monaten erreichen die Tiere eine Länge, die es ihnen erlaubt, nestjunge Mäuse zu fressen. Die weitere Aufzucht bereitet keine Probleme. Futterfeste Tiere sind durchaus auch für Anfänger geeignet.

Besonderes: In Mississippi überschneidet sich das Verbreitungsgebiet der Unterarten *L. t. elapsoides* und *L. t. syspila* und es ergibt eine natürliche Verbastardisierung. Die Kopffärbung ist bei diesen Tieren rot. In Kentucky sowie in Tennessee trifft *L. t. syspila* auf die Norminatform *L. t. triangulum* und vermischt sich mit dieser. Im Westen von Louisiana gibt es ebenfalls eine Verbastardisierung mit *L. t. amaura*. In Oklahoma, dem südlichen Kansas und im Süden Nebraskas vermischt sie sich mit *L. t. gentilis*. Eine weitere natürliche Verbastardisierung erfolgt im Nordosten von Nebraska und im südlichen Dakota mit der Unterart *L. t. multistriata*.

L. triangulum taylori. Foto: Walter Broda

Lampropeltis triangulum taylori

Erstbeschreibung: Tanner und Loomis 1957
Utah - Milchschlange (Utah Milk Snake)
Verbreitungsgebiet: In den USA in mit Unterholz bewachsene Laub- und Nadelwälder im Great Basin von Mittel- und Ost-Utah, südlich von Salt Lake City und Vernal (ausgenommen die mehr trockenen Gegenden), südwärts durch das südwestliche Utah bis in das Einzugsgebiet des Colorado im nördlichen Arizona und nach Osten in das mittlere westliche Colorado.
Kopfzeichnung: Die Schnauzenspitze ist schwarz oder hell mit schwarz auf den mittleren Rändern der Zwischennasenschilder und der Vorderstirnschilder. Das Schädeldach ist schwarz. Am hinteren Rand der Scheitelschilder beginnt ein weißes Band, welches sich seitlich verbreiternd um den gesamten Kopf zieht. Die Kehle ist fast immer vollständig weiß.
Körperzeichnung: 23 - 34 (Ø 29) rote Körperringe, die mit einer schwarzen dünnen Umrandung versehen sind, die meist nur eine Schuppenbreite erreicht, reichen nur bis zu den Ventralschuppen. Die roten Bänder werden auf dem Rücken oft von schwarzen Pigmentierungen durchsetzt. Die cremefarbig weiße Körperfarbe zieht sich um den gesamten Körper der Schlange und ist oft mit schwarzen Pünktchen versehen.
Körperunterseite: Weitgehend hell, lediglich einige Partien der schwarzen Umrandungen der roten Körperbänder reichen bis auf die

Bauchseite.
Bestimmung: Dorsalschuppen 21, Ventralia 174 - 197, Subcaudalia 32 - 52, Supralabialia 7 - 8 (7 in 99%), Sublabialia 7 - 11 (9 in 79%), rote Körperringe 23 - 34, Gesamtlänge bis 72 cm, Jungtiere 18 - 20 cm.

Über die Haltung und die Zucht dieser äußerst selten gepflegten Schlange ist mir persönlich nichts bekannt.
Besonderes: Im Südwesten von Colorado und möglicherweise im Nordwesten von New Mexico trifft sie auf *L. t. celaenops*.

Lampropeltis triangulum triangulum

Aufgrund der Verbreitung in Kanada und in den USA benötigt *L. t. triangulum* eine Überwinterung.   Foto: Louis Knecht

Erstbeschreibung: Lacepede 1788 Östliche Milchschlange (Eastern Milk Snake)
Verbreitungsgebiet: In Kanada und den USA vorkommend. Von Ontario entlang des nördlichen Randes der Georgian Bay und östlich des Huron Sees einschließlich des südlichen Quebec, südwärts durch das südliche Maine, die Neu England Staaten, New York, das

nördliche New Jersey, südwärts in den Appalachen, durch Nord Carolina, Tennessee, den nördlichsten Regionen von Alabama und Georgia, westlich bis zum östlichen Minnesota und so weit südlich wie nördlich-zentral Illinois, süd-zentral Indiana und Ohio. Sie lebt im Tal des Tennessee, den Great Smoky Bergen in Ost-Tennessee und Nord Carolina sowie auf dem Cumberland Plateau in Kentucky sympatrisch mit *L. t. elapsoides*. Wegen des großen Verbreitungsgebietes ist *L. t. triangulum* in allen nur erdenklichen Biotopen zu finden, sie scheint jedoch felsige Waldgebiete zu bevorzugen.

Kopfzeichnung: Die Schnauzenspitze ist hell; dunkle, dünne Linien verlaufen zwischen den Kopfschuppen. Die Kopfzeichnung ist meist mit einem Muster („Y" oder „V") versehen, das sich bildet, wenn sich die Zeichnung des ersten Sattelflecken seitlich vom Rücken bis auf den Kopf ausweitet.

Körperzeichnung: Die Körperzeichnung weist keine Ringe, sondern 26 bis 54 (Ø 37) unregelmäßige Sattelflecken auf, die an der Körperseite enden. Kleinere Flecken bilden sich zwischen den großen Sattelflecken auf beiden Körperseiten der Schlange. Die sehr variablen hellbraunen bis rostbraunen Sattelflecken sind meist mit schwarzen, schmalen Bändern umrandet. Die Grundfarbe ist meistens gerbbraun bis gräulich, kann aber auch heller sein.

Körperunterseite: Weiß bis gelblich mit schwarzen Bereichen durchsetzt.

Bestimmung: Dorsalschuppen 21, Ventralia 182 - 214, Subcaudalia 35 - 54, Supralabialia 6 - 9 (7 in 99%), Sublabialia 7 - 11 (9 in 90%), Körpersattelflecken 26 - 54.

Haltung und Zucht: Meine Zuchttiere (2 Männchen, 1 Weibchen) halte ich zusammen in einem Terrarium mit den Maßen 50 cm Breite, 45 cm Tiefe, 40 cm Höhe. Die Tiere sind untereinander sehr gut verträglich. Nur zu Futter- und Zuchtzwecken trenne ich die Tiere. Die Terrarieneinrichtung sowie Substrat, Beleuchtung u.s.w. entsprechen Haltungsbedingungen meiner anderen *Lampropeltis*. Die Überwinterung findet bei meinen Tieren von Mitte November bis Mitte/Ende Februar statt. Danach erfolgt die Paarung und einige Wochen später die Eiablage. Die Zeitigungsdauer der Eier beträgt zwischen 52 und 58 Tagen. Die Jungtiere messen beim Schlupf etwa 16 bis 20 cm und sind meist mit roten, breiten Sattelflecken versehen, die allerdings nach etwa 1 Jahr in rotbraun bis braun nachdunkeln. Die Aufzucht der Jungtiere verläuft meist ohne Probleme, allerdings benutze ich bei sehr kleinen Tieren für 2 bis 3 Monate die bereits erwähnte Pinky-Pump, da diese Tiere von der Größe her nicht in der Lage sind, nestjunge Mäuse zu fressen. Die weitere Aufzucht ist problemlos und die Tiere sind mit etwa 3 Jahren bei einer Gesamtlänge bis 114 cm geschlechtsreif.

Lampropeltis zonata
Allgemeine Anmerkungen

Erstbeschreibung: Blainville 1835 Bergkönigsnatter (Mountain Kingsnake)
Unterarten: Bei *Lampropeltis zonata* sind 7 Unterarten bekannt: *zonata*, *agalma*, *multicincta*, *multifasciata*, *parvirubra*, *pulchra* und *herrerae*.
Verbreitungsgebiet: Das Hauptverbreitungsgebiet erstreckt sich in den USA vom Südwesten von Oregon westlich entlang der Sierra Nevada bis Baja California und auf der Insel Todos Santos, Mexico. Dabei ist das Vorkommen im direkten feuchteren Küstenstreifen sehr begrenzt. Eine isolierte Population einer Kreuzungsform der Unterarten *zonata* und *multicincta* findet man im mittleren Südteil des Bundesstaates Washington.
Besondere Merkmale: Der Kopf und die Schnauzenspitze sind immer schwarz, dadurch kann man *L. zonata* leicht von der sonst sehr ähnlichen *L. pyromelana* unterscheiden, deren Schnauzenspitze weiß ist. Teilweise ist die Schnauzenspitze mit roten Flecken versehen. Meistens sind 7 Supralabialia und 9 Sublabialia vorhanden. Die hinteren beiden Zähne sind meist länger und kräftiger als die vorderen. Es sind mehr als 30 weiße, gleichmäßig breite Körperringe vorhanden, welche schwarze Ringe einfassen. Die schwarzen Ringe werden bei den meisten Unterarten von *L. zonata* mehr oder weniger stark durch rote Elemente unterbrochen. Die so entstehenden Triaden sind für die Bestimmung der Unterarten von großer Bedeutung. Dabei wird unter Triade die Abfolge weiß-schwarz-weiß verstanden, gleichgültig, ob das schwarze Element von rot durchbrochen wird. Ebenso ist die Lage des ersten weißen Ringes für die Bestimmung bedeutsam. Das Nahrungsspektrum umfaßt Reptilien, Kleinsäuger und auch Jungvögel. Biotop, Höhenlage: *L. zonata* kommt von Meereshöhe (*L. z. herrerae* auf Todos Santos) bis in 2400 m Höhe (*L. z. pulchra* in den San Gabriel Bergen bei Los Angeles) vor. Die Vorkommen erstrecken sich zumeist auf bewaldete Gebiete und beschattete Täler, so im Napavalley, im Yosemitepark und in San Bernadino Country. Man findet sie ab Mitte bis Ende April unter Steinen, Rindenstücke, Baumwurzeln und ähnlichem, oft auch in der Nähe von feuchten Stellen wie beispielsweise Wasserläufen. *L. zonata* überwintert in Felsspalten und unter den Wurzeln starker Bäume. Bei Tieren aus den höheren Regionen des Verbreitungsgebietes kann die Winterruhe bis zu sechs Monaten betragen.
Jungtieraufzucht: Die Jungtiere sind beim Schlupf etwa 18 cm groß und fressen meist selbständig Babymäuse. Trotzdem wachsen die Tiere deutlich langsamer als beispielsweise *L. pyromelana*.
Geschlechtsreife: Bei guter Fütterung mit etwa 4 Jahren.

Schlüssel zu den Unterarten von *Lampropeltis zonata* nach Zweifel 1952, 1974:

Bei *L. zonata* versteht man unter Triade eine Abfolge von weiß-schwarz-weißen Körperringen.

1) Der hintere Rand des ersten weißen Ringes liegt hinter dem Mundwinkel ... **2)**
   Der hintere Rand des ersten weißen Ringes liegt auf oder vor der letzten Supralabialia (Oberlippenschild) ... **4)**

2) 60% oder mehr der Triaden werden auch auf dem Rücken durch rote Farbbändern geteilt ... **3)**
   Weniger als 60% der Triaden werden auf dem Rücken durch rote Farbbänder geteilt (in sehr selten Ausnahmefällen fehlt der rote Farbanteil vollständig); Schnauze vollständig schwarz ... ***multicincta***

3) Schnauze mit roten Zeichnungen, besonders auf den Zwischennasenschildern und den Vorderstirnschildern; schwarze Bänder an den Seiten sehr schmal
   ... ***multifasciata***
   Schnauze vollständig schwarz; Zahl der Triaden 30 oder weniger; die Breite der schwarzen Bänder beträgt lateral (an der Seite) gewöhnlich mehr als eine Schuppe
   ... ***zonata***

4) Schnauzenspitze mit roten Farbflecken, besonders auf den Internasalen (Zwischennasenschild) und der Praefrontale (Vorderstirnschild) ... **5)**
   Schnauze vollständig schwarz, ohne rot
   ... **6)**

5) Hoher Rotanteil in der Färbung, auch auf der Bauchseite; Zahl der Körpertriaden gewöhnlich geringer als 41; an den Seiten sind die schwarzen Bänder sehr schmal
   ... ***multifasciata***
   Zahl der Körpertriaden größer als 40; gewöhnlich relativ geringerer Rotanteil auf der Bauchseite ... ***agalma***

6) Keine Rotfärbung in der Körperzeichnung
   ... ***herrerae***
   Rot in der Körperzeichnung ... **7)**

7) Die Zahl der Körpertriaden beträgt gewöhnlich 36 oder weniger ... ***pulchra***
   Die Zahl der Körpertriaden beträgt gewöhnlich 37 oder mehr; weniger als 60% der Triaden werden auf dem Rücken durch rote Farbbereiche geteilt (gewöhnlich nur ein Drittel) ... ***parvirubra***

Lampropeltis zonata agalma

Erstbeschreibung: Van Denburgh & Slevin 1923
San Pedro - Bergkönigsnatter (San Pedro Mountain Kingsnake)
Verbreitungsgebiet: Nördliches Baja California, Sierra Juarez und Sierra San Pedro Martir.
Bestimmung: Dorsalschuppen 21 - 23, Ventralia 194 - 220, Subcaudalia 50 - 56; 41 - 48 Triaden, aber immer mehr als 40. Die Gesamtlänge dieser Schlange beträgt nur etwa 75 cm.
Färbung: Der Kopf ist schwarz gefärbt. Auf der Schnauzenspitze zeigen sich unregelmäßige rote Flecken. Der hintere Rand des ersten weißen Ringes liegt auf oder vor der letzten Supralabialen. Rotanteil in mehr als 50% der Triaden, welches aber auf der Bauchseite deutlich reduziert ist.
Terrarienhaltung: In der Terrarienhaltung sind diese Tiere überaus ängstlich, sehr nervös und teilweise auch sehr beißfreudig. Für Anfänger ist diese Art nicht unbedingt zu empfehlen. Die Haltung meiner Pflegling erfolgt ähnlich wie bei *L. pyromelana*, nur werden sie etwas feuchter gehalten.
Zucht: Die Paarungszeit dieser schönen Königsnatter ist Ende März bis Anfang April. Nach etwa 6 Wochen legen die Weibchen 6 bis 8 Eier ab. Die Inkubationszeit der Eier beträgt 60 - 68 Tage.

Im Terrarium erweist sich *L. zonata agalma* als nervös und beißfreudig. Foto: P. M. Kornacker

Lampropeltis zonata herrerae
Farbfoto Seite 15

Erstbeschreibung: Van Denburgh und Slevin 1923
Todos Santos - Bergkönigsnatter (Todos Santos Island Kingsnake)
Verbreitungsgebiet: Insel Todos Santos, etwa 80 km vor den nördlichen Baja California gelegen.
Bestimmung: Dorsalschuppen 23, Ventralia 216 - 220, Subcaudalia 53 - 59; 36 - 41 Triaden; der erste weiße Ring endet immer vor dem Mundwinkel. Gesamtlänge bis 120 cm.
Färbung: Die Schnauze ist schwarz, der Körper fast immer rein schwarz-weiß gezeichnet, nur gelegentlich einige rote Einschlüsse auf den unteren Seitenschuppen. Die Ringe umrunden den Körper.
Sonstiges: Die erste mir bekannte Nachzucht von 7 Jungtieren erfolgte 1994 in den USA. Die Jungtiere messen etwa 18 bis 20 cm. Sie haben in ihren schwarzen Körperringen etliche rote Flecken, welche möglicherweise bei zunehmendem Alter durch schwarze Pigmente überlagert werden. Durch ihre Zeichnung ähnelt *L. z. herrerae* der gebänderten Form von *L. g. californiae* und auch *L. z. multicincta*, bei welcher auch rein schwarz-weiß gebänderte Exemplare vor allem aus dem Yosemite-Nationalpark bekannt sind. Bei dieser endet der erste weiße Ring jedoch immer hinter dem Mundwinkel.

Lampropeltis zonata multicincta
Farbfotos Seiten 27 und 39

Erstbeschreibung: Yarrow 1882 Sierra - Bergkönigsnatter (Sierra Mountain Kingsnake)
Verbreitungsgebiet: Sierra Nevada von Kern und Tulare County bis Shasta County in Kalifornien. Bastardisierungen mit *L. z. zonata* sind außerhalb des Verbreitungsgebietes der Unterarten aus dem Südwesten von Oregon und von einer isolierten Population im Bundesstaat Washington belegt.
Bestimmung: Dorsalschuppen 23, Ventralia 202 - 227, Subcaudalia 46 - 61; 23 - 48 (Ø 35) Triaden. Gesamtlänge bis etwa 100 cm, Jungtiere 18 - 20 cm.
Färbung: Der Kopf und die Schnauzenspitze sind schwarz. In manchen Regionen fehlen die roten Ringe oder sind nur teilweise vorhanden. Der erste weiße Ring endet hinter dem Mundwinkel. (Bei *L. z. herrerae* endet der erste weiße Ring vor dem Mundwinkel.) Weniger als 60% der Triaden werden auf dem Rücken durch rote Elemente geteilt. Auf der Bauchseite zeigen die schwarzen Ringe häufig rote Einschlüsse. Die weißen Ringe können durch schwarze Elemente unterbrochen sein.

Lampropeltis zonata multifasciata

Erstbeschreibung: Bocourt 1886 Küsten - Bergkönigsnatter (Coastal Mountain Kingsnake)
Verbreitungsgebiet: In Küstennähe südlich von San Francisco, den Santa Cruz Bergen bis zum Fluß Santa Clara in Ventura Country, Kalifornien.
Bestimmung: Dorsalschuppen 23, Ventralia 205 - 224, Subcaudalia 52 - 62; 26 - 41 (Ø 35) Triaden; der hintere Rand des ersten weißen Ringes liegt nach Markel 1990 bei Tieren der südlichen Populationen auf der letzten Supralabialen, bei Tieren aus dem nördlichen Teil der Vorkommens auf dem Mundwinkel. Gesamtlänge etwa 91 cm, Jungtiere 18 - 20 cm.
Färbung: Die Kopfzeichnung ist schwarz, meistens mit zahlreichen roten Pigmenten versehen. Die 26 bis 41 Triaden werden zu 60% oder mehr von rot durchbrochen. Besonders an den Seiten sind die schwarzen Ringe sehr schmal. Hoher Rotanteil in der Zeichnung, auch auf der Bauchseite.

Lampropeltis zonata parvirubra

Erstbeschreibung: Zweifel 1952 San Bernardino - Bergkönigsnatter (San Bernardino Mountain Kingsnake)
Verbreitungsgebiet: Los Angeles, San Bernardino und Central Riverside Counties im südlichen Kalifornien.
Bestimmung: Dorsalschuppen 21, Ventralia 204 - 220, Subcaudalia 48 - 60; mindestens 35, meistens aber 37 oder mehr Triaden. Der hintere Rand des ersten weißen Ringes liegt vor oder auf der letzten Supralabialen. Gesamtlänge bis etwa 100 cm, Jungtiere 18 bis 20 cm.
Färbung: Der Kopf einschließlich der Schnauzenspitze ist schwarz. Die weißen Ringe sind sehr schmal, verlaufen um den Körper und schwarze Pigmentfleckchen können an den Schuppenenden liegen. Weniger als 60% der Triaden werden auf dem Rücken durch rot unterbrochen, meistens nur ein Drittel. In etwa 70% werden also die rote Ringe auf der Rückenmitte von schwarz durchbrochen und die rote Elemente zeigen sich nur noch als Seitenflecken. Dadurch erhält die Schlange ein dunkles Aussehen. Die Bauchseite ist vorwiegend hell gezeichnet, wobei an der Bauchaußenseite einige rote und ansonsten schwarze Farbflecke die Regel sind.
Sonstiges: Die weißen Ringe können im Alter auch etwas nachdunkeln und dann gelblich werden. Bei Jungtieren findet man oft orangerote Exemplare, wenn sie nach einer Inkubationszeit 60 bis 68 Tagen schlüpfen.

L. zonata parvirubra. Foto: Helmut Hansen

L. zonata pulchra. Foto: Helmut Hansen

Lampropeltis zonata pulchra

Erstbeschreibung: Zweifel 1952 San Diego - Bergkönigsnatter (San Diego Mountain Kingsnake)
Verbreitungsgebiet: Los Angeles, Orange, Riverside und San Diego Counties im südlichen Kalifornien.
Bestimmung: Dorsalschuppen 21 - 23, Ventralia 194 - 220, Subcaudalia 47 - 59; 27 - 38, gewöhnlich 36 oder weniger Triaden; der hintere Rand des ersten weißen Ringes endet auf oder vor der letzten Supralabialen. Gesamtlänge etwa 90 cm.
Färbung: Der Kopf einschließlich der Schnauzenspitze ist schwarz. Mindestens 60%, meistens 70% der Triaden sind auf dem Rücken durch rote Bänder vollständig unterbrochen, wodurch die Schlange einen hohen Rotanteil in der Färbung aufweist. Die schwarzen und weißen Bänder sind schmal. Die Ringe umrunden auch die Bauchseite der Schlange. Da sich die schwarzen Ringe an den Seiten verjüngen, wird so auf der Bauchseite einer hoher Rotanteil ermöglicht.

Lampropeltis zonata zonata

Erstbeschreibung: Lockington 1876 St. Helena - Bergkönigsnatter (St. Helena Mountain Kingsnake)
Verbreitungsgebiet: Mendocino, Napa und Sonoma Counties in Kalifornien. Aus dem südwestlichen Oregon und einer isolierten Population in Bundesstaat Washington sind Bastardisierung mit *L. z. multicincta* bekannt.
Bestimmung: Dorsalschuppen 23, Ventralia 207 - 218, Subcaudalschilder 46 - 52; 24 bis höchstens 30 Triaden; der hintere Rand des ersten weißen Ringes liegt hinter dem Mundwinkel. Gesamtlänge bis etwa 95 cm.
Färbung: Der Kopf einschließlich der Schnauzenspitze ist vollständig schwarz. Mindestens 60% der Triaden werden auf dem Rücken durch rote Bänder geteilt. Die Bänder umrunden den Körper. An den Seiten beträgt die Breite der schwarzen Bänder gewöhnlich mehr als eine Schuppe. Schwarze und weiße Ringe sind ungefähr gleich breit. Sie zusammen machen etwas mehr als die Breite eines roten Ringes aus. Die weißen Körperringe sind bei Jungtieren meistens glänzender als bei ausgewachsenen Tieren. Eine genaue Artenbeschreibung kann man bei manchen Tieren, bei denen das Herkunftsgebiet unbekannt ist, wegen der extremen Ähnlichkeit der Tiere nicht geben.

Lampropeltis alterna

Erstbeschreibung: Brown 1901 Graugebänderte Königsnatter (Gray Banded Kingsnake)
Verbreitungsgebiet: Trockene, teils wüstenartige Gebiete bis zu einer Höhe von 2000 m im südwestlichen Texas und extremen Südosten Neu Mexikos (USA) sowie nördliches Mexiko in den Staaten Coahuila und Durango.
Kopfzeichnung: Der Kopf ist deutlich breiter als bei allen anderen *Lampropeltis* - Arten. Der Kopf ist grau mit einigen schwarzen Flecken oder Linien (sehr variabel). Bei einigen Exemplaren ist der Kopf bis hinter die Augen vollständig schwarz gefärbt. Die Augen sind groß und haben eine silber-graue Iris.
Körperzeichnung: Bei *alterna* unterscheidet man zwischen 2 Varianten.
1. VARIANTE: Die *alterna blairi*-Phase weist 9 - 17 orange-rote breite Sattelflecken auf. Diese orange-roten Sattelflecken werden beidseitig von schmalen schwarzen Ringen gesäumt und trennen die hellgraue bis dunkelgraue Körperfarbe von der eigentlichen markanten Zeichnung. Bis vor kurzem galt sie unter dem Namen *L. blairi* als eigene Art.
2. VARIANTE: Die *alterna alterna*-Phase unterscheidet sich von der *blairi*-Phase dadurch, daß sie weitaus mehr Körperringe aufweist. Die 15 - 39 schwarzen oder sehr schmalen roten Körperringe sind das wichtigste Merkmal dieser sehr interessanten Schlange.
Körperunterseite: Während die roten Sattelflecken an den Ventralschuppen enden, ziehen sich die schwarzen Ringe bis auf die Bauchseite. Einige umrunden auch den Körper. Die graue Körperfarbe geht auf der Bauchseite in weiß über. So gibt sie der Bauchseite ein unregelmäßiges schwarz-weißes Aussehen. Auch der Schwanzunterseite fehlen rote Zeichnungselemente.
Bestimmung: Dorsalschuppen 25, Ventralia 210 - 232, Subcaudalia 58 - 63, Supralabialia 7, Sublabialia 10 - 12, Körperringe *blairi*-Phase 9 - 17, Körperringe *alterna*-Phase 15 - 39, Gesamtlänge bis etwa 120 cm, Jungtiere 18 - 25 cm.
Zucht und Haltung im Terrarium: Als Bodensubstrat hat sich Sand oder ein Gemisch aus Sand mit Lehm bewährt. Diese für die Terrarienhaltung sehr attraktive Königsnatter läßt sich sehr gut in Gruppen halten, wobei die Zucht der Tiere nicht so einfach erscheint wie bei anderen *Lampropeltis*. Nach meinen Erfahrungen ist eine längere Überwinterung bei recht niedrigen Temperaturen von etwa 8 °C (von Mitte November bis Ende März) von großer Wichtigkeit für die Zucht dieser Königsnatter. Bei der Überwinterung trenne

▶ *Lampropeltis alterna* **bewohnt trockene Biotope.**
Foto: Helmut Hansen

ich jeweils die Geschlechter voneinander und setze sie erst zur Paarungszeit Ende April wieder zusammen. Die Eiablage erfolgt meist Mitte/Ende Juni nach einer von der Temperatur anhängigen Trächtigkeitsdauer von etwa 30 bis 60 Tagen. Das Gelege von 4 bis 14 Eier (je nach Größe des Muttertieres) benötigt eine Inkubationszeit von 63 bis 70 Tage. Die Jungtiere sind beim Schlupf 18 - 25 cm lang und müssen meist einige Zeit zwangsernährt werden. In der Natur fressen Jungtiere in den ersten Monaten ihres Lebens vor allem Echsen. Bei guter Fütterung werden die Tiere nach 3 Jahren geschlechtsfähig.

Sonstiges: Tiere aus den höheren Bereichen des Verbreitungsgebietes vollziehen auch in der Natur eine Überwinterung, währung Tiere aus den niederen wüstenartigen Regionen eine Sommerruhe vollziehen. Dies ist bei der Haltung vor allem von Wildfängen zu berücksichtigen und nur durch Kenntnis des Fundortes möglich. *L. alterna* ist in der Haltung auch für Anfänger geeignet. Selbst Wildfänge sind wenig beißfreudig, scheiden aber wie viele *Lampropeltis*-Arten bei Bedrohung oder Störung durch Manipulation ein stinkendes Sekret aus. Bei Wildfängen als vorwiegende Echsenfresser, kann die Futterumstellung auf Mäuse Schwierigkeiten bereiten und dem Terrarianer viel Geduld abverlangen. Eine Unterscheidung zur sehr ähnlich aussehenden *L. mexicana* ergibt sich durch die Struktur der Hemipenes, welche in unteren Bereich mit im Querschnitt eiförmig aussehenden, etwa 0,7 mm langen Stacheln versehen sind. Diese sind bei *L. mexicana* im Querschnitt dreieckig und auch kürzer. Ein technisches Detail, welches dem Terrarianer im Umgang mit seinen Tieren - im Gegensatz zur Bestimmung durch die Augenfarbe - leider kaum Nutzen bringt.

Lampropeltis mexicana

Erstbeschreibung: Garman 1884 Mexikanische Königsnatter (San Luis Potosi Kingsnake)
Verbreitungsgebiet: Hauptsächlich in Laub- und Nadelwald bestandenen, trockenen, bergigen Gebieten in bis zu 2200 m Höhe um die Saladan Region der Chihuahua Wüste in den Bundestaaten Tamaulipas, San Luis Potosi, Coahuila, Nuevo Leon, Guanajuato, Zacatecas und Durango in Mexiko.

Bestimmung: Dorsalschuppen 21 - 25 (meist 23), Ventralia 190 - 212, Subcaudalia 51 - 65, Supralabialia 7, Sublabialia 8 - 11, Körpersattelflecken 23 - 46, Gesamtlänge etwa 100 cm, Jungtiere 15 - 22 cm.
Charakteristika: Auch bei *L. mexicana* ist der Kopf ziemlich deutlich vom Hals abgesetzt. Die Iris ist gelblich-braun. Auf dem Schädeldach findet man schwarze, oft „Y"-artige

Zeichnungsmuster, die bis in die Nackenpartie reichen können. Der Nackenfleck hat gewöhnlich ein helles Zentrum. Die Rückenzeichnung besteht gewöhnlich aus schwarzen Sattelflecken oder Ringen, die von einem schmalen weißlichen Saum begrenzt wird, der deutlich heller ist als der graue Farbton der zwischen den Flecken oder Ringen liegende Rückenpartien. Die schwarzen Sattelflecke oder Ringe werden von roten Fleckungen oder Ringen geteilt, wobei der rote Farbton von einem sehr hellen rot bis zu einem dunklen rot-braun stark variiert. Die Bauchseite ist individuell verschiedenen hell und dunkel gefleckt, wobei der graue Farbton der Körperseiten sich im allgemeinen auf dem äußeren Bereich der Ventralia fortsetzt. Die schwarzen Ringe setzen sich meistens auch auf der Bauchseite fort. In ihnen sind auf der Mitte der Bauchseite rote Fleckungen eingeschlossen. Gelegentlich reichen die roten Farbelement der Rücken- und Seitenzeichnung direkt bis auf die Bauchseite. In den hellen Bereichen sind schwarze Flecke eingelagert. Rote Zeichnungselemente setzen sich auf der Schwanzunterseite fort; der erste auf dem Schwanz liegende rote Ring ist oft seitlich verbreitert.

Vor der letzten Bearbeitung der Art durch Garstka 1982 waren drei Unterarten der Mexikanische Königsnatter anerkannt. Da diese Einteilung bei Terrarianern auch heute noch weitgehend Gebrauch findet, wollen wir hier die drei Subspecien nennen, auch wenn sie im Schlüssel für die Unterarten wegen der momentanen vakanten systematischen Stellung keinen Eingang mehr gefunden haben.

L. mexicana mexicana **fällt durch ihr ausgeprägtes Sattelmuster auf.** Foto: Helmut Hansen

1. *Lampropeltis mexicana mexicana*

Verbreitungsgebiet: San Luis Potosi

Kopfzeichnung: Der Kopf der Nominatform ist breiter. Die Schnauzenspitze ist grau, gefolgt von einer sehr schönen roten blattförmigen Zeichnung, die sich bis zum Hinterkopf ausdehnt.

Körperzeichnung: Die bis zu 46 roten Sattelflecken sind schwarz umrandet und verlaufen von der Körperoberseite sehr breit. Sie runden sich an den Seiten immer mehr und enden

Lampropeltis mexicana greeri bewohnt die Gebirge von Durango.

Foto: Helmut Hansen

schließlich an den Ventralschildern. Die Körperfarbe ist grau, individuell variierend von hell bis dunkel.
Körperunterseite: Meist sehr dunkel mit teilweise hellen Flecken.

2. *Lampropeltis mexicana greeri*

Verbreitung: Gebirge von Durango
Kopfzeichnung: Der Kopf ist ähnlich breit wie bei *L. m. mexicana*, allerdings ist die Kopfzeichnung schwarz. Sehr variabel in Größe und Aussehen.
Körperzeichnung: Die bis zu 38 breiten, roten (teilweise auch nur schwarzen) mit schwarzer Umrandung versehenen Körperringe verlaufen von der Mitte der Oberseite sehr gleichmäßig und verjüngen sich an den Ventralschildern. Die Körperfarbe ist ein sehr helles Grau, das um die roten Sattelflecken oft eine grauweiße Farbe andeutet. Teilweise ist die Zeichnung durch helle Flecken in den roten Ringen unterbrochen.
Körperunterseite: Die Körperzeichnung endet an den Ventralschildern und geht in eine hell bis dunkle Zeichnung über. Rote Farbflecke liegen in den schwarzen Ringen, welche sich auf der Bauchseite fortsetzen.

3. *Lampropeltis mexicana thayeri*
Farbfotos Seiten 55 und 58

Verbreitung: Nuevo Leon
Beschreibung: Diese Unterart von *L. mexicana* kann man aufgrund ihrer verschiedenen Aussehensmöglichkeiten nicht eindeutig beschreiben. Es gibt viele verschiedene Varianten, die auch bei Tieren aus einem Gelege auftreten können. Sie können völlig schwarz gefärbt sein (*melanistic*-Phase), breite rote Ringe aufweisen (*triangulum*-Phase) oder auch eine hellgraue Körperfarbe mit schmalen roten Sattelflecken haben (*leonis*-Phase).
Haltung und Zucht: Diese nachtaktiven Königsnattern lassen sich sehr gut in Terrarien pflegen. Meine Tiere halte ich ohne Probleme nach Unterarten getrennt in Gruppen. Nur zur Fütterung sowie zu Zuchtzwecken trenne ich die Tiere voneinander. Die Paarungszeit liegt Ende April. Die Kommentkämpfe der Männchen können nach Secor 1990 bei *L. mexicana* recht aggressiv verlaufen, was bei *Lampropeltis* untypisch ist. Die Eiablagen erfolgen von Mitte bis Ende Juni. Die 6 bis 12 zu einem Klumpen verklebten Eier benötigen bei mir eine Inkubationszeit von 62 bis 68 Tagen. Die Jungtiere fressen meist nach der ersten Häutung nestjunge Mäuse, wobei besonders bei *thayeri*-Nachzuchten auch einige Tiere zeitweise zwangsgefüttert werden müssen. Die Tiere sind bei guter Fütterung in 2 bis 3 Jahren geschlechtsfähig. Eine Überwinterung halte ich für sehr nötig, um die Tiere zur Zucht zu bringen.

Lampropeltis pyromelana

Erstbeschreibung: Cope 1886 Bergkönigsnatter (Sonoran Mountain Kingsnake)
Man unterscheidet die 4 Unterarten *L. p. pyromelana, L. p. woodini, L. p. infralabialis, L. p. knoblochi*.
Verbreitungsgebiet: In den USA von Utah und dem östlichen Nevada nach Süden über Arizona, dem südwestlichen Neu Mexiko bis in das nördliche Mexiko (Bundesstaaten Chihuahua und Sonora).
Biotop, Höhenlage: *L. pyromelana* besiedelt Wälder und felsige Gebiete in Bergregionen in Höhenlagen zwischen 800 und 2800 m. Sie lebt sowohl in vegetationsarmen, trockenenen Arealen wie auch an Bachläufen und auf steinigen Bergwiesen und -hängen.
Besondere Merkmale: Der Kopf setzt sich kaum vom Hals ab. Die Augen besitzen eine runde, schwarze Pupille. Das Schädeldach ist schwarz, die Schnauzenspitze ist im Gegensatz zu *L. zonata* immer weiß. Die Anzahl der Bauchschilder variiert je nach Art zwischen 213 und 263. Die Anzahl der Dorsalschilder variiert zwischen 21 und 23. Das Afterschild ist ungeteilt. Die Körperzeichnung besteht aus ziegel- bis leuchtend roten Ringen, welche

Die Bergkönigsnatter *L. pyromelana woodini* zeichnet sich durch eine gute Verträglichkeit aus. Foto: P. M. Kornacker

durch schwarze Ringe gesäumt werden. Diese schwarz-rot-schwarzen Triaden werden normalerweise von mehr als 40 weißen Ringen voneinander getrennt. Gesamtlänge bis etwa 110 cm.

Terrarienhaltung: Meine Terrarien haben für jeweils 2 adulte Tiere eine Größe von 90 cm Breite, 50 cm Tiefe und 50 cm Höhe. Als Bodengrund verwende ich Orchid-Park (Rindenstücke von Redwood-Bäumen, aus Kalifornien importiert) mit etwas Kies gemischt. Als Versteckmöglichkeiten biete ich den Tieren umgedrehte Tontöpfe und Korkrinde an verschiedenen Stellen im Terrarium an. Meine Wassergefäße weisen einen Hohlraum auf, den die Tiere gerne als Unterschlupf aufsuchen, vermutlich wegen der hohen Luftfeuchtigkeit in diesem Bereich. Ausgestattet ist jedes Terrarium mit einer Pflanze (Suculente Fiscus oder Philodendron). Die Tiere vergraben sich auch sehr gerne in diesen Pflanzentöpfen. 2 x pro Woche werden die Terrarien (nur etwa zwei Drittel der Bodenfläche) mit lauwarmem Wasser besprüht. Das Orchid-Park hat sich als Feuchtigkeitsspeicher sehr dienlich erwiesen. Ein abgestorbener Bonsaibaum dient den Tieren als Klettermöglichkeit und wird besonders in der Aktivzeit (Abenddämmerung oder am frühen Morgen) gerne aufgesucht.

Überwinterung: Die Überwinterung erfolgt bei mir in den Terrarien und beginnt Ende Oktober bis Anfang November und dauert bis Mitte/Ende Februar. Die Temperatur beträgt in dieser Zeit etwa 10 bis 14 °C. Die Luftfeuchtigkeit sollte nicht unter 60% abfallen. In der Natur kann die Winterruhe wegen der in den Höhenlagen des Vorkommensgebietes lange dauernden Kältephase bis zu 6 Monaten betragen, wodurch sich die Aktivitätsphase dann auf die Monate Mai bis Oktober reduziert. Den Winter verbringen die Tiere in tiefen Felsspalten und in Aushöhlungen im Wurzelstock unter großen Bäumen.

Heizung, Licht, Luftzufuhr: Die Beleuchtungsdauer sowie die Wärmezufuhr in den Terrarien scheint für den Fortpflanzungstrieb sehr wichtig zu sein. Da meine Terrarien in einem Blocksystem aufgebaut sind, ersetzen die Vorschaltgeräte der 13-Watt Leuchtstoffröhren die Bodenheizung der darüberliegenden Terrarien. Sie geben eine örtlich bedingte Wärme von etwa 28 °C an den vorderen Teil der Terrarien ab. Die Lichtdauer beträgt jeweils 12 Stunden. Die Frisch- und Abluftzufuhr erfolgt durch vier etwa 10 cm große, runde Belüftungsgitter.

Feuchtigkeit: Da ich meine Terrarien 2 x pro Woche besprühe und als Bodengrund Orchid-Park verwende, beträgt die Feuchtigkeit zwischen 60 und 80%. Sie sollte nicht unter 60% fallen.

Nahrung: Adulten Tieren biete ich alle 10 bis 14 Tage je 2 behaarte Mäuse an. Zu große Futtertiere werden meist verweigert und die Tiere verhalten sich sehr ängstlich. Behaarte Mäuse werden jedoch lebend sowie tot sofort gefressen.

Geschlechtsreife: Bei guter Fütterung nach etwa 3 Jahren.

Verträglichkeit: *L. pyromelana* läßt sich problemlos in Gesellschaft halten. Bei der Fütterung empfiehlt es sich aber, die Tiere zu trennen (Futterneid). Auch Jungtiere zeigen keinerlei Kannibalismus untereinander.

Fortpflanzung: Nach der Winterruhe trenne ich jeweils die Männchen von den Weibchen. Ich belasse die Männchen für etwa 4 Wochen in der gewohnten Umgebung. In dieser Zeit biete ich den Weibchen etwas mehr Futter an, da sie meist in der Trächtigkeitsphase nichts mehr zu sich nehmen. Nach 4 Wochen setze ich die Weibchen zu den jeweiligen Männchen. Meist beginnt der Paarungsakt sofort. Sollte das Männchen jedoch keinerlei Interesse zeigen, so setze ich ein zweites Männchen dazu. Meist beginnen dann sofort die Rivalenkämpfe. Nach kurzer Zeit entferne ich eines der Männchen und das andere ist nun sehr paarungsbereit. Wenn ich zwei Weibchen und nur ein Männchen zur Zucht bringen will, so ist es nach meinen Erfahrungen meist nötig, die Weibchen einzeln und abwechselnd dem Männchen hinzuzugeben. Wenn ich beide Weibchen einsetze, entscheidet sich das Männchen nur für ein Weibchen, das andere wird meist ignoriert. Die Paarungszeit ist in meinen Terrarien Anfang April. Nachdem das - oder die - Weibchen trächtig sind, belasse ich sie jeweils bis zur letzten Häutung vor der Eiablage bei den Männchen. Danach entferne ich die Männchen, da mir schon einige befruchtete Gelege von Männchen gefressen wurden.

Inkubationszeit: Nach der Eiablage (4 bis 10 Eier) bringe ich das verklebte Gelege - die Eier sind etwa 50 bis 70 mm lang und 15 bis 20 mm breit - in einen dafür vorgesehenen Brutschrank. Bei einer konstanten Temperatur von 27 °C und einer Luftfeuchtigkeit von 95% benötigen die Jungschlangen etwa 62 bis 70 Tage bis zum Schlupf. Als Substrat verwende ich ausschließlich Vermiculit®. Die Jungtiere messen nach dem Schlupf zwischen 18 und 24 cm und wiegen ungefähr 4 g.

Jungtieraufzucht: Die Aufzucht der Jungtiere mit frischgeborenen Mäusen scheint bei diesen Tieren ein Problem darzustellen. Nur etwa 10% (eigene Erfahrung) der Jungtiere gehen nach der ersten Häutung selbständig ans Futter, die restlichen 90% verweigern Babymäuse als Nahrung. Ich greife deshalb zur Zwangsfütterung mittels der dafür entwickelten „Pinky-Pump". Jungtiere mittels Eidechsen zu füttern erwies sich als positiv, wird aber von mir mangels Futterbeschaffungsmöglichkeit abgelehnt. Manche Jungtiere (eigene Erfahrung) bringe ich zur freiwilligen Futteraufnahme, indem ich frischgeborenen, getöteten Babymäusen das Gehirn eröffne und die weißliche Gehirnflüssigkeit ausdrücke. Diese Gehirnflüssigkeit scheint oft der Auslöser für die freiwillige Nahrungsaufnahme zu sein. Jungtiere werden bei meiner Terrarienhaltung für etwa 6 Wochen bei 12 °C und bei 60 - 80% Luftfeuchtigkeit überwintert, teilweise fressen die Jungschlangen nach dieser Winterruhe freiwillig. Die weitere Aufzucht ist dann problemlos.

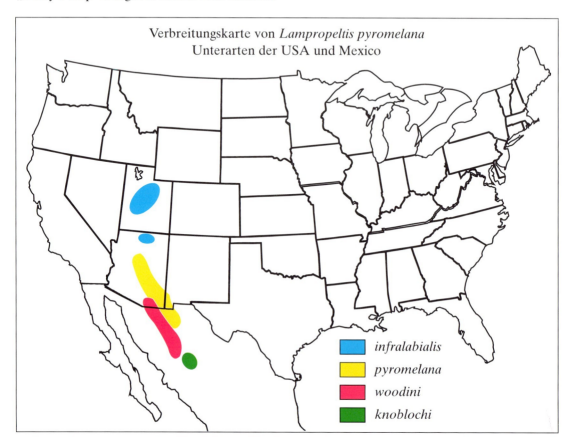

Schlüssel zu den Unterarten von *Lampropeltis pyromelana* nach Tanner 1953:

1) Zahl der Sublabialschuppen 9 - 9 (selten 10, manchmal nur auf einer Seite); mindestens 50% der weißen Körperringe umrunden den Schlangenkörper vollständig, sie setzen sich also auf den Bauchschuppen fort; Zahl der Schwanzschuppen abzüglich der Gesamtzahl der weißen Bänder beträgt selten weniger als 17, durchschnittlich (Ø) 21 ... ***infralabialis***
Zahl der Sublabialia 10 - 10; weiße Ringe umrunden den Schlangenkörper bei weniger als 50% der Körperringe vollständig ... **2)**

2) Die weißen Körperbänder (63 bis 84, Ø 74) setzen sich nicht als Querbänder bis zu und auf den Bauchschuppen (225 bis 238) fort, sie enden auf beiden Körperseiten in einem zwischen der dritten und fünften Schuppenreihe seitlich verlaufenden Zick-Zack-Band ... ***knoblochi***
Die weißen Körperringe reichen normalerweise bis zu den Bauchschuppen; es ist keine seitliche weiße Zick-Zack-Linie vorhanden ... **3)**

3) Die Zahl der weißen Körperringe, welche bis zur Bauchseite reichen, ist relativ gering, gewöhnlich weniger als 43, Ø 39; Zahl der Bauchschuppen 222 bis 233, Ø 227; Zahl der Schwanzschuppen abzüglich der Gesamtzahl der weißen Ringe beträgt 16 oder mehr, Ø 20 ... ***woodini***
Die Körperringe sind etwas schmaler; die Zahl der weißen liegt höher, gewöhnlich mehr als 43, Ø 48; Bauchschuppen 214 bis 228, Ø 221; Zahl der Schwanzschuppen abzüglich der Gesamtzahl der weißen Ringe ergibt 17 oder weniger, Ø 9 ... ***pyromelana***

Lampropeltis pyromelana infralabialis
Farbfoto Seite 8

Erstbeschreibung: Tanner 1953 Utah - Bergkönigsnatter (Utah Mountain Kingsnake)
Verbreitungsgebiet: Höhenlagen über 1600 m in Nadelwäldern, zumeist in Flußnähe, im Gebiet des Grand Canyon in Arizona, mittleres Utah sowie in einem kleinen Gebiet im östlichen Nevada, USA.
Bestimmung: Dorsalschuppen 21 - 23, Ventralia 213 - 230, Subcaudalia 59 - 79, Supralabialia 7 - 8, Sublabialia 9, weiße Ringe 42 - 57, Gesamtlänge etwa 100 cm.
Färbung: Die roten Farbringe dominieren, werden aber auf der Rückenmitte oft durch sich dort verbindende schwarze Ringe durchbrochen. Die schwarzen Ringe sind an der Seite sehr schmal und oft nicht bis zum Bauch reichend. Mindestens 50% der weißen Ringe umrunden den Körper vollständig. Sie sind auf der Bauchseite leicht verbreitert, oft schwarz gesäumt und stehen hier im Wechsel mit den roten Ringen.
Sonstiges: Da sämtliche Reptilien in Utah geschützt sind und diese Schlangenart außerdem sehr selten gefunden wird, werden solche Tiere äußerst selten angeboten. Bei einigen Tieren läuft die weiße Bänderung um die gesamte Körperunterseite der Schlange.

L. pyromelana pyromelana.   Foto: Volker Nägele

▶ *L. pyromelana infralabialis.*   Foto: H. Hansen

Lampropeltis pyromelana pyromelana

Erstbeschreibung: Cope 1867 Arizona - Bergkönigsnatter (Arizona Mountain Kingsnake)
Verbreitungsgebiet: In Waldgebieten, steilen, steinigen Bergregionen, aber auch in offenen Graslandschaften in Höhenlagen über 900 m. In den USA im äußersten Südwesten von Neu Mexiko, südwestlichen bis mittleren Arizona (dort aber nicht in den Huachuca-Bergen, wo L. p. woodini lebt) und südlich bis ins nördliche Mexiko (Bundesstaaten Chihuahua und Sonora).
Bestimmung: Dorsalschuppen 23, Ventralia 214 - 228, Subcaudalia 61 - 75, Supralabialia 7 - 8, Sublabialia 10, weiße Ringe 42 - 61, Länge etwa 105 cm.
Färbung: Meist sehr schmale Ringe. Die Zahl der den Körper umrundenden weißen Ringe ist höher als 41, durchschnittlich 48. Gewöhnlich durchbrechen die schwarzen Ringe die roten Ringe nicht auf der Rückenmitte, sondern bleiben getrennt. An den Seiten verjüngen sie sich. Sie enden an/vor den Bauchschuppen. Die Bauchseite zeigt eine Abfolge der weißen und roten Ringe, die in gleicher Breite wie auf dem Rücken fortlaufen. Unregelmäßig sind schwarze Flecken eingestreut. Die Färbung der roten Ringe kann von orange-rot bis dunkelrot reichen.

Lampropeltis pyromelana knoblochi

Erstbeschreibung: Taylor 1940 Chihuahua - Bergkönigsnatter (Chihuahua Mountain Kingsnake)
Verbreitungsgebiet: Gegend um Mojarachic, Chihuahua, Mexiko.
Bestimmung: Dorsalschuppen 23, Ventralia 254 - 263, Subcaudalia 59 - 73, Supralabialia 7 - 8, Sublabialia 10, rote Sattelflecken 70 - 80.
Färbung: Die 63 bis 84 (Ø 74) weißen Ringe reichen an den Körperseiten nur bis zur dritten bis fünften Schuppenreihe und enden in einem seitlich verlaufenden weißen Zick-Zack-Band. Die roten Ringe sind zu dorsalen, von einer schmalen, schwarzen Umrandung eingefaßten Sattelflecken reduziert. Die Bauchseite ist sehr variabel gezeichnet und die drei Farbelemente sind unregelmäßig angeordnet, wobei sich häufig schmale schwarze Bänder bilden. Länge bis 100 cm, Jungtiere 18 bis 20 cm.

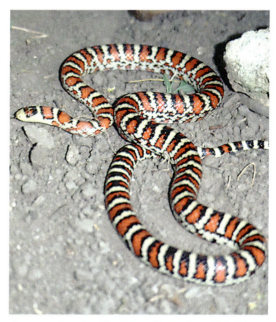

L. pyromelana knoblochi **bewohnt trockene Felsbiotope.**
Foto: Helmut Hansen

Lampropeltis pyromelana woodini
Farbfoto Seite 144

Erstbeschreibung: Tanner 1953 Huachuca - Bergkönigsnatter (Huachuca Mountain Kingsnake)
Verbreitungsgebiet: Huachuca-Berge im südlichen Arizona (USA) und in Mexiko im angrenzenden Bundesstaat Sonora in Höhenlagen von 1200 m bis 2500 m.
Bestimmung: Dorsalschuppen 23, Ventralia 221 - 233, Subcaudalia 63 - 78, Supralabialia 7 - 8, Sublabialia 10, weiße Ringe 37 - 43 (Ø 39).
Färbung: In der schwarzen Färbung des Scheldaches können rote Flecken liegen. Die meist weniger als 43 weiße sowie die roten Ringe umschließen den ganzen Körper. Die schwarzen Ringe sind sehr schmal und lösen sich seitlich vor Erreichen der Bauchseite auf. In den roten und weißen Teilen der Bauchzeichnung sind schwarze Flecken unregelmäßig eingelagert. Gesamtlänge bis etwa 110 cm, Jungtiere 20 bis 24 cm.
Sonstiges: Gebietsüberschneidungen sowie natürliche Unterartmischlinge zwischen *L. p. pyromelana* und *L. p. woodini* sind bekannt.

Lampropeltis ruthveni

Erstbeschreibung: Blanchard 1920 Ruthvens Königsnatter (Ruthven's Kingsnake)
Verbreitung: Felsige, bewaldete Hochebenen (700 bis 2500 m) des mexikanischen Plateaus in den Bundesstaaten Michoacan, Queretaro und Jalisco, Mexico.
Bestimmung: Dorsalschuppen 23, Ventralia 182 - 196, Subcaudalia 49 - 57, Supralabialia 7 - 8, Sublabialia 8 - 9, weiße Ringe 23 - 34, Gesamtlänge bis etwa 90 cm.
Kopfzeichnung: Der Kopf weist bis hinter die Scheitelschilder eine Schwarzfärbung auf, in die meistens rote Flecken unregelmäßig eingelagert sind. Der erste schmale weiße Ring beginnt am hinteren Teil des Kopfes. Der Kopf ist etwas breiter als bei *triangulum*-Arten.
Körperzeichnung: Weiße, schwarze und rote Ringe, die den ganzen Körper umrunden. Schmale schwarze Ringe trennen jeweils die schmalen weißen (etwa 2 Schuppen breit) von den breiteren roten. Die weißen Ringe können an den Seiten eine gerbbraune Färbung annehmen. Die schwarzen Ringe durchbrechen nie die roten Ringe auf dem Rücken.
Körperunterseite: Die Ringzeichnung setzt sich auf der Bauchseite fort, wobei die roten Ringe eine blassere Farbe annehmen und sich die schwarzen Ringe teilweise auflösen.
Haltung im Terrarium: Diese Königsnattern sind ruhige, friedfertige Tiere, die sich ohne

Probleme für eine Gesellschaftshaltung eignen. Es erfolgt eine Haltung wie bei *L. pyromelana*. Auch Überwinterung sowie Licht, Heizung, Feuchtigkeit und Terrariengröße sind wie bei *L. pyromelana*. Diese Haltung hat sich bei den Tieren sehr bewährt und die Tiere werden bei mir jedes Jahr zur Zucht gebracht.

Zucht: Die Paarungszeit ist bei meinen Tieren Anfang Mai. Die Eiablage erfolgt etwa 6 Wochen später. Die Gelegegröße erreicht bei meinen Tieren 4 bis 6 Eier. Die Größe der Eier ist etwa 45 mm x 25 mm. Sie werden zu einem Klumpen verklebt.

Inkubationszeit: Die Zeitigung der Eier erfolgt wie bei *L. pyromelana* in Vermiculit®, die Inkubationszeit beträgt je nach Temperatur zwischen 59 und 67 Tagen.

Jungtieraufzucht: Die Jungtiere messen beim Schlupf etwa 25 bis 28 cm und fressen nach der ersten Häutung, ungefähr 10 Tage nach dem Schlupf, meist selbständig.

Sonstiges: *L. ruthveni* ist eine der am wenigsten bekannten und erforschten Arten der Gattung. Sie erhielt erst durch Garstka 1982 Artstatus. Vorher wurde sie als Synonym für *L. t. arcifera* gesetzt, mit der sie sympatrisch lebt. Die Zahl der Dorsalschuppen ist höher, die ihrer Ventralia jedoch deutlich niedriger als bei *L. triangulum*. Auch ist ihr Kopf etwas breiter als bei *L. triangulum* und ähnelt in der Form mehr dem von *L. mexicana*. Auch zeigen sich an den Rändern der schwarze Ringe Spuren eines grünen Farntones, wie er auch bei *L. mexicana* zu finden ist. Kurz: ein Betätigungsfeld für engagierte Herpetologen.

Noch wenig erforscht ist die auffällig gefärbte Königsnatter *Lampropeltis ruthveni*. Foto: P. M. Kornacker

Lampropeltis getula

Erstbeschreibung: Linnaeus 1766 Gewöhnliche Königsnatter (Common Kingsnake)

Unterarten: Bei *L. getula* sind 7 Unterarten bekannt: *getula, californiae, floridana, holbrooki, nigra, nigrita* und *splendida*. Sechs ehemals anerkannte Unterarten gelten heute als Synonyme von *L. g. floridana* (*sticticeps, goini, brooksi*) und von *L. g. californiae* (*yumensis, nitida* und *conjuncta*), da es sich gezeigt hat, daß sie Formen oder natürliche Bastardisierungsformen der Unterarten sind. Aufgeführt werden sie, weil sie bei Terrarianern noch oft unter den alten Namen geführt werden.

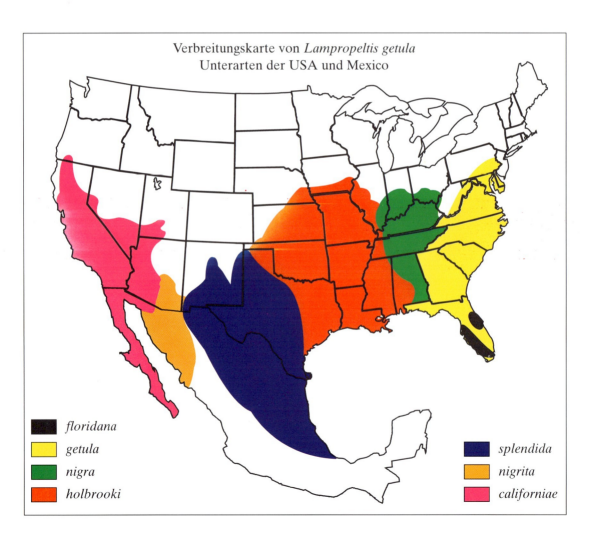

L. getula

Allgemeines und Verbreitung: Die weitverbreiteten Unterarten von *L. getula* sind in den USA von der Ostküste südlich des 41. Breitengrades bis zur Westküste südlich des 43. Breitengrades anzutreffen, wobei Colorado, der nördliche Teil Neu Mexikos, das nordöstliche Arizona, große Teile Utahs sowie das nordöstliche Nevada ausgenommen bleiben. In Mexiko besiedelt sie den nordöstlichen Teil, nach Süden bis ungefähr zu den Städten Zacatecas und San Luis Potosi, das Grenzgebiet zu den USA, die Küstenregion am Golf von Kalifornien südlich bis ungefähr Navojoa und die Baja California. Diese häufige Schlangenart trifft man in Höhenlagen vom Meeresspiegel bis zu 1950 m. *L. getula* ist eine der am häufigsten gezüchteten *Lampropeltis*. Durch Kreuzungen hat man albinotische, melanistische sowie Fehlfarben (beispielsweise Tiere mit hohen Gelbanteil) gezüchtet, ersteres bei fast allen *getula*-Unterarten. Die natürliche Grundfärbung besteht bei *getula* aus braunen und schwarzen Farbtönen, wobei die Seitenschuppen oft gelbliche Einschlüsse aufweisen. Die Zahl der Ventralia schwankt zwischen 198 und 255, die der Subcaudalia zwischen 37 und 63. *L. getula* ist stark ophiophag, also ein Schlangenfresser.

Haltung und Zucht: Bei der Pflege im Terrarium sollte man daher unbedingt auf Einzelhaltung achten. In der Natur stellen sie sämtlichen anderen Schlangen, besonders auch Gift-

Eine melanistische Farbform von *L. getula floridana*, die früher als *L. getula brooksi* geführt wurde. Foto: W. B. Love

schlangen (Klapperschlangen) nach. Wenn man die Tiere jedoch in Einzelterrarien hält und nur zur Zucht zusammen läßt, hat man sehr lange Freude an ihnen. Auch bei der Einzelhaltung reagieren diese Reptilien sehr nervös und beißfreudig, auch dem Pfleger gegenüber. Vibrieren mit dem Schwanzende gegen den Terrarienboden ist die Regel. Die Zucht dieser Tiere stellt keine besonderen Anforderungen. Gelegegrößen von 5 bis 17 Eiern je nach Art sind üblich. Meine *getula*-Arten halte ich einzeln in Terrarien, die 50 cm lang, 60 cm tief und 40 cm hoch sind. Einrichtung, Temperatur, Licht und Feuchtigkeit wie bei *L. pyromelana*, ebenso die Überwinterung. Die Aktivitätszeit dieser Tiere liegt in der Dämmung und der Nacht in den Monaten April bis Oktober.

Inkubationszeit: Die Gelege benötigen je nach Unterart und Umgebungstemperatur der Eier einen Zeitraum von 60 bis 72 Tagen bis zum Schlupf.

Schlüssel zu den Unterarten von *Lampropeltis getula* nach Blaney 1977:

1) Die Höchstzahl der Schuppenreihen auf dem Rücken beträgt 21 oder weniger
   . . . **2)**
   Die Höchstzahl der Schuppenreihen auf dem Rücken beträgt 23 oder mehr . . . **4)**
2) Die Rückenfärbung ist schwarz oder braun mit durchgehenden hellen Bändern, welche 1 bis 10 Schuppen breit sind. Diese Bänder reichen entweder bis zur Bauchseite oder gabeln sich an der Körperseite (lateral) in Höhe der dritten bis sechsten Schuppenreihe. Gelegentlich enden sie auch abrupt in dieser Höhe. Der Hemipenis ist tief zweilappig gegabelt und seitlich vergrößert . . . ***getula***
   Die Rückenfärbung ist schwarz, wobei das Zentrum zumindest einiger Schuppen weiß, gelb oder beige gefärbt ist. Der Hemipenis ist nicht zweilappig gegabelt oder seitlich stark vergrößert . . . **3)**
3) Die meisten Rückenschuppen haben weiß, gelb oder beige in ihrem Zentrum. Die Flecken in den Schuppen der Reihen 6 bis 15 vergrößern sich manchmal seitlich und bilden schmale helle Bänder . . . ***holbrooki***
   Der Rücken ist überweigend schwarz, einige der seitlichen Schuppen haben ein weißes oder beiges Zentrum. Oft zeigen einige Rückenschuppen in ihrem Zentrum helle Fleckchen, die Rückenbänder bilden, welche aus einer Reihe von Tupfen bestehen . . . ***nigra***
4) Helle, quer verlaufende Rückenbänder erstrecken sich seitlich bis zur oder oft auch bis auf die Bauchseite. Zwischen den Bändern existiert keine Fleckung
   . . . ***californiae***
   Die Rückenzeichnung ist variabel, sie

besteht aus Längsstreifen, gefleckten Schuppen oder sie ist einförmig dunkel
... 5)
5) Der Rücken ist dunkel gefärbt und zeigt längs der Wirbelsäule einen hellen Streifen sowie helle seitliche Streifen, die sich durch eine Serie von hell zentrierten Schuppen der Reihen 1 bis 3 oder 1 bis 6 bilden. Die Bauchseite ist gewöhnlich einfarbig hell oder dunkel ... *californiae*
Kein Längsstreifen auf dem Rücken ... 6)
6) Der Rücken ist einförmig schwarz oder zeigt höchstens minimal helle Zentren bei den seitlichen Schuppen ... *nigrita*
Der Rücken hat beige oder gelbe Schuppen ... 7)
7) Die seitlichen Schuppen haben bis zur maximal zehnten Schuppenreihe ein helles Zentrum. Ebenso einige Schuppen der Rückenmitte, was sich über die seitlichen Schuppen ausweitet und so auf dem Rücken zahllose schmale, helle Bänder bildet, die dunkle Sattelflecken einschließen, wobei das Zentrum dieser Schuppen auch kleine, helle Fleckchen haben kann. Die Mitte der Bauchseite ist oft einfarbig dunkel oder ansonsten gefleckt. Die Anzahl der Schilder zwischen den großen Kinnschildern beträgt gewöhnlich 2 + 2 oder 2 + 3. Der Hemipenis ist seitlich nicht stark vergrößert oder tief zweilappig gegabelt
... *splendida*
Die Basis jeder Schuppe ist hell, die hintere Ecke braun. Oft ist auch die gesamte Schuppe gelb gefärbt. Rückenbänder nur aus hellen Schuppen sind häufig. Die Anzahl der Schilder zwischen den großen Kinnschildern beträgt gewöhnlich 1 + 2. Der Hemipenis ist seitlich stark vergrößert und tief zweilappig gegabelt ... *floridana*

Lampropeltis getula californiae

Erstbeschreibung: Blainville 1835 Kalifornische Königsnatter (California Kingsnake)
Verbreitungsgebiet: Vom südwestlichen Oregon nach Süden bis zur äußersten Südspitze von Baja California, nach Osten durch die südliche Hälfte von Nevada bis zum südlichen Utah und der südwestlichen Hälfte von Arizona.
Bestimmung: Dorsalschuppen 23 - 25, Ventralia 213 - 255, Subcaudalia 44 - 63, Supralabialia 7 - 8, Sublabialia 9 - 10, 21 - 44 helle Körperringe oder ein heller Rückenstreifen, Gesamt-

länge bis 130 cm, Jungtiere 20 - 25 cm.
Kopfzeichnung: Schnauzenspitze und vorderer Teil des Kopfes hell (weiße oder gelbliche Schuppen). Rest des Kopfes dunkel, meistens mit einem hellen Fleck im hinteren Bereich der Scheitelschilder.
Körperzeichnung: Dunkelbraun oder schwarz mit einer gelben oder weißen Zeichnung, die entweder als Rückenstrich oder als Bänderung auftritt. Bei gebänderten Tieren verbreitern sich die Bänder an den Körperseiten. Übergangsformen mit beiden Zeichnungselementen sind bekannt.
Körperunterseite: Die Bauchseite kann entweder in den Grundfarben kariert erscheinen, die Bänderung kann sich aber auch auf der Unterseite fortsetzen. Gelegentlich auftretende Schwarzfärbung ist bekannt.
Haltung: Wie die meisten *getula*-Unterarten ist auch *L. g. californiae* sehr kannibalisch veranlagt. So pflege ich die Tiere einzeln und bringe sie jeweils nur zur Zucht zusammen. Einige meiner Bekannten halten *L. g. californiae* jedoch ständig ohne Ausfälle zusammen. Trotzdem ist es sehr ratsam, diese überaus nervösen und beißfreudigen Tiere zumindest bei der Fütterung zu trennen.
Zucht: Anfang April setze ich die Tiere für die Paarung zusammen, jeweils das weibliche Tier zum männlichen Tier. Schon nach kurzer Zeit (5 - 10 Min.) erfolgt der Paarungsbiß sowie die weitere Paarung. So bringe ich die Tiere mehrmals in einem Zeitraum von 14 Tagen zusammen. Nach etwa 6 Wochen erfolgt die Eiablage. Es sind zwischen 5 und 10 Eier, die miteinander verklebt sind. Die Zeitung der Eier erfolgt wie bei meinen anderen Königsnattern-eiern (auf Vermiculit® bei 95 % Luftfeuchtigkeit in einem Aquarium). Die Zeitigung der Eier dauert 62 bis 70 Tage. Die Jungtiere messen zwischen 20 - 25 cm und fressen nach der ersten Häutung meist sofort frischgeborene Mäuse.
Sonstiges: Aus einem Gelege können sowohl gebänderte als auch gestreifte Tiere, welche seltener sind, schlüpfen. Man unterscheidet zwischen der schwarz/weiß gezeichneten Wüstenform und der braun/gelben Bergform. In den USA werden sogenannte Bananaking's angeboten. Es handelt sich hierbei um gezüchtete *L. g. californiae* mit 90 % gelblichen oder gar fast weißlichen und nur 10 % dunklen Anteilen der Zeichnung. Albino-, Schwärzlings- und Fehlfarbenzuchten sind mittlerweile häufig. Die „alten" Namen *nitida* und *conjuncta* stehen heute als Synonym für *L. g. californiae*. Beide bezeichneten Tiere aus Baja California, wo *L. g. californiae* in sehr starkem Maße zum Melanismus neigt. Mit *nitida* wurden gestreifte, mit *conjuncta* gebänderte Tiere bezeichnet. Auf Baja California findet man auch Tiere mit einem extrem breiten, sehr weißen Rückenband, welche immer noch recht selten zu erhalten und daher begehrt sind. Ein weiteres Synonym für *L. g. californiae* ist *yumensis*. Es sind Tiere der gebänderten Wüstenform (schwarz/weiß) mit schmaleren Bändern, die auch in größerer Zahl vorhanden sind. Außerdem weist die Kopfzeichnung einen geringeren Weißanteil auf. Man vermutet, daß diese Tiere eine Bastardisierung von *L. g. californiae* mit *L. g. splendida* sind. Analog zum großen Verbreitungsgebiet sind auch die bewohnten Habita-

te vielfältig. *L. g. californiae* bewohnt Laub- und Nadelwälder, Wüsten und Halbwüsten, ist in Ackerregionen als auch in Wiesengebieten oder an Flußläufen zu finden. Daher ist bei Wildfängen eine Fundortangabe angebracht.

Lampropeltis getula floridana

Erstbeschreibung: Blanchard 1919 Florida - Königsnatter (Florida Kingsnake)
Verbreitungsgebiet: Mittleres bis südliches Florida. Eine isolierte Population im Nordosten von Florida (Duval und Baker Counties).
Bestimmung: Dorsalschuppen 23, Ventralia 210 - 221, Subcaudalia 44 - 58, Supralabialia 7 - 8, Sublabialia 9 - 10 (9 in 85%), 22 - 66 helle Körperbänder. Gesamtlänge bis 125 cm.

Schlüpfende *L. getula floridana* Foto: W. B. Love

L. g. floridana kann je nach Herkunft der Tiere sehr unterschiedlich gezeichnet sein.
Kopfzeichnung: Die Grundfarbe ist dunkelbraun und wird durch sehr schmale, unregelmäßige, gelbe Bänder unterbrochen. Die Lippenschilder sind hell mit dunklen Linien auf den Rändern.

L. getula floridana im natürlichen Lebensraum in Clewiston, Florida. Foto: W. B. Love

Körperzeichnung: Die typische *L. g. floridana* hat eine dunkelbraune Körperfarbe, die durch zahlreiche schmale gelbe, mehr oder weniger gleichmäßige Bänder unterbrochen wird. Zwischen ihnen bilden sich Sattelflecken.

Körperunterseite: Gelblich mit braunen Flecken oder Karozeichnung, sehr unregelmäßig. Die hellen Bereiche können sich lateral ausweiten und sind dann meistens mit kleinen braunen Fleckchen durchsetzt.

Haltung: *L. g. floridana* ist nicht so beißfreudig wie die anderen *getula*-Unterarten. Einige Bekannte halten mehrere Tiere zusammen in einem Terrarium und trennen diese nur zur Fütterung.

Zucht: *L. g. floridana* läßt sich auch ohne Überwinterung zur Nachzucht bringen. Es ist aber zu empfehlen, die Tiere einer etwa zweimonatigen Überwinterung auszusetzen. Die Paarung erfolgt nach der Winterruhe Anfang März, die Eiablage etwa Mitte bis Ende April. Bei guterFütterung und bei ständiger Gruppenhaltung der Tiere ist eine zweite Paarung und Eiablage die Regel. Diese findet meist Mitte bis Ende Juni statt. Man sollte aber auf jeden Fall die Tiere während der Eiablage trennen, da die Männchen die Gelege fressen. Die Zeitigung der Eier dauert etwa 62 bis 70 Tage. Die Jungtiere messen 20 bis 24 cm, sind oft schon verschieden gezeichnet und fressen meist nach der Häutung nestjunge Mäuse. Die weitere Aufzucht erfolgt ohne Probleme. Bei guter Fütterung tritt die Geschlechtsreife schon nach 2 Jahren ein.

Sonstiges: *L. g. floridana* lebt in sumpfigen Niederungen, Waldgebieten, offenem Grasland sowie als Kulturfolger in Plantagen. Aus dem äußersten Süden Floridas stammt die Form „brooksi", heute ein Synonym für *L. g. floridana*. Dieser Form fehlt aufgrund der fast vollständig hellen Schuppen fast jeder dunkle Farbanteil, sie wirkt gelblich. Adulte Tiere sind fast nur hell gezeichnet, während die Jungtiere noch eine schwache Bänderung erkennen lassen. Als weitere früher geführte Unterart ist „goini" zu nennen, welche im Nordwesten von Florida in den Tälern des Chipola und des Apalachicola vorkommt. Sie wird als gefleckte Königsnatter bezeichnet, da sie sehr breite Bänder hat, welche sich aus gerbbraunen Schuppen mit dunklem Innenfleck bilden. Die Zahl der Bänder ist weit geringer als bei *L. g. floridana*.

L. getula* floridana: Variante, die früher als *L. getula goini

„Goini" wird in verschiedenen Farb- und Zeichnungsvarianten gezüchtet. Blaney 1977 sieht sie ebenso als Kreuzungsform zwischen *L. g. floridana* und *L. g. getula* wie auch „sticticeps", obwohl das Verbreitungsgebiet von *L. g. floridana* erst viel weiter südlich beginnt. Blaney vermutet, daß sich diese Form vor Jahrtausenden gebildet hat als die Verbreitungsgebiete noch anders als heute waren, also das Vorkommen von *L. g. floridana* viel weiter nördlich begonnen hat. Diese Form lebt auf kleinen Inseln, die der Küste von North Carolina vorgelagert sind. Durch die Isolation der Inseln konnte sich diese Form bis heute erhalten. Sie ist durch sehr helle Schuppen gekennzeichnet, die auf dunkelbraunem oder schwarzem Grund kurze Querbänder über dem Rücken bilden. Der relativ breite Kopf und die Lippenschilder haben zahllose weiße Zeichnungselemente.

Lampropeltis getula getula

Erstbeschreibung: Linnaeus 1766 Östliche Königsnatter (Eastern Kingsnake)

Verbreitungsgebiet: Von der südlichen Hälfte New Jerseys südlich bis zum nördlichen Florida. Nach Westen bis zum äußersten Osten von West Virginia, mittleres Virginia, äußerster Westen von North Carolina, nordwestliches Viertel von Georgia und südöstliches Alabama.

Bestimmung: Dorsalschuppen 21, Ventralia 200 - 223, Subcaudalia 37 - 56, Supralabialia 6 - 8, Sublabialia 9 - 10 (9 in 87%), 15 - 44 helle oder gelbliche Körperringe.

Kopfzeichnung: Der Körperfarbe entsprechend schwarz oder dunkelbraun mit gelben oder weißen Flecken. An den äußeren Rändern der Lippenschilder dunkle vertikale Linien.

Körperzeichnung: Die Grundfärbung ist meist schwarz oder seltener dunkelbraun mit schmalen hellen Querbändern, welche sich seitlich

bekannt war. Foto: W. B. Love

verbinden und so eine Art Kettenmuster bilden.
Körperunterseite: schwarz oder dunkelbraun mit kleinen hellen Flecken.
Sonstiges: Die Jungtiere messen beim Schlupf 25 bis 28 cm; ihre Zeichnung und Farbe ist intensiver als bei adulten Tieren, deren Gesamtlänge etwa 150 cm beträgt. Man hat auch schon Exemplare mit mehr als 2 m Länge gefunden. *L. g. getula* hält sich vor allem in Wassernähe und feuchten Gebieten auf. In manchen Gegenden kommt sie sehr häufig vor. *L. g. getula* ist ein ausgesprochener Reptilienfresser. Gebietsüberschreitung und Verbastardisierung mit *L. g. floridana* ist aus Florida bekannt.

Lampropeltis getula holbrooki

Erstbeschreibung: Stejneger 1902 Gesprenkelte Königsnatter (Speckled Kingsnake)
Verbreitungsgebiet: Vom südwestlichen Illinois und südliches Iowa südlich bis Ost Texas, Louisiana, der größte Teil von Mississippi sowie mittleres und südwestliches Alabama. Die von *L. g. holbrooki* besiedelten Lebensräume schließen Hochwälder wie auch Prärien ein.
Bestimmung: Dorsalschuppen 21, Ventralia 197 - 222, Subcaudalia 37 - 59, Supralabialia 6 - 8, Sublabialia 9 - 10 (9 in 84%); 41 - 85 helle Querbänder, falls sich durch die gelbe Flecken in den Rückenschuppen Bänder bilden.
Kopfzeichnung: Dunkelbraun oder schwarz mit hellen, meist gelben Punkten.
Körperzeichnung: Dunkelbraun oder schwarz mit gelben Punkten; manchmal andeutungsweise 41 bis 80 gelbe, sehr schmale und „wilde" Linien, die unregelmäßig über die gesamte Körperregion verlaufen.
Körperunterseite: Hell, cremefarben mit unregelmäßigen dunklen Zeichnungselementen.
Sonstiges: Jungtiere etwa 20 cm lang, sie sollten wegen ihrer kannibalischen Neigung unbedingt einzeln gehalten werden. Von 7 Jungtieren, die ein Kollege mir während meiner Ferienabwesenheit hütete, blieb nur 1 Jungtier übrig. Gesamtlänge adulter Tiere etwa 120 cm. Natürliche Bastardisierungen mit *L. g. getula*, *L. g. nigra* und *L. g. splendida* sind bekannt.

Lampropeltis getula nigra
Farbfoto Seite 23

Erstbeschreibung: Yarrow 1882 Schwarze Königsnatter (Black Kingsnake)
Verbreitungsgebiet: Östliches Illinois, südliches Indiana, äußerster mittlerer Süden von Ohio, westliches West Virginia, Kentucky, die östlichen zwei Drittel von Tennessee, nordwestliches Georgia und nordöstliches Alabama. *L. g. nigra* besiedelt lichte Wälder, Uferregionen, Brachland und lebt auch als Kulturfolger.
Bestimmung: Dorsalschuppen 21, Ventralia 198 - 217, Subcaudalia 39 - 55, Supralabialia 7, Sublabialia 9 - 10 (9 in 82%); 21 bis 70 helle Rückenbänder, die sich aus den hellen Zeichnungsflecken der Rückenschuppen bilden. Gesamtlänge etwa 140 cm, Jungtiere etwa 20 cm.
Kopfzeichnung: Schwarz, manchmal mit vereinzelten blassen hellen Punkten Körperfärbung. Meistens schwarz, gelegentlich blasse gelbliche oder weiße, sehr schmale Bänder, die sich durch die hellen Fleckchen der Rückenschuppen bilden. Die Schuppen der Körperseite haben keine hellen Fleckchen.
Körperunterseite: Normalerweise unregelmäßig schwarz und weiß gezeichnet.
Sonstiges: Im Westen überschneidet sie das Gebiet von *L. g. holbrooki* und es kommt zu natürlichen Bastardisierung.

Lampropeltis getula nigrita

Erstbeschreibung: Zweifel und Norris 1955 Schwarze Mexiko-Königsnatter (Mexican Black Kingsnake)
Verbreitungsgebiet: Westliches Sonora und äußerster Nordwesten von Sinaloa, Mexico.
Bestimmung: Dorsalschuppen 23 - 25, Ventralia 213 - 225, Subcaudalia 47 - 56, Supralabialia 7 - 8, Sublabialia 9 - 10; Gesamtlänge etwa 100 cm, Jungtiere etwa 20 cm.
Kopfzeichnung: schwarz
Körperzeichnung: schwarz
Körperunterseite: schwarz
Zucht: Nachzucht ist in den USA gelungen. Die Tiere sind ähnlich leicht wie andere getula-Unterarten zur Zucht zu bringen. Bei der Paarung ist ein „Paarungsbiß" des Männchens möglich. Die Inkubationszeit der Eier beträgt 62 bis 69 Tage. Die Jungschlangen ähneln ihren Eltern im Aussehen, haben aber noch ein schwach erkennbares Rückenmuster aus blassen Querbändern. Sie fressen im allgemeinen problemlos frischgeborene Mäuse. Die weitere Aufzucht verläuft ohne Probleme. Bei guter Fütterung sinddie Jungtiere bereits nach 3 Jahren geschlechtsreif.
Sonstiges: Bei *L. g. nigrita* ist eine Einzelhal-

tung angebracht, da die Tiere sehr kannibalisch sind. *L. g. nigrita* ist ein nachtaktiver Wüstenbewohner. Sie ist die seltenste *getula*-Unterart, über die sehr wenig bekannt ist.

Albinotische Tiere werden in der USA bereits angeboten. Verbastardisierung mit *L. g. splendida* und *L. g . californiae* aus dem Südosten von Arizona sind bekannt.

Lampropeltis getula splendida

Erstbeschreibung: Baird und Girard 1853 Wüsten - Königsnatter (Desert Kingsnake)
Verbreitungsgebiet: Von der Mitte von Texas nach Westen bis Südost Arizona, im Süden bis San Luis Potosi und Zacatecas, westlich bis Sonora und auf der Insel Santa Catalina im Golf von Kalifoinien, Mexiko. *L. g. splendida* bewohnt wüstenartige Trockengebiete.
Bestimmung: Dorsalschuppen 23 - 25, Ventralia 199 - 237, Subcaudalia 40 - 62, Supralabialia 7 - 8, Sublabialia 9 - 10 (9 in 83%); 42 - 97 helle, schmale Bänder, meist gelb.
Kopfzeichnung: Schwarz mit einigen kleinen hellen Punkten. Die Lippenschilder sind hell mit dunkler Vertikalzeichnung.
Körperzeichnung: Schwarz oder dunkles braun; die Schuppen der Körperseiten sind intensiv gelb getupft. Rückenschuppen mit gelben Zentrum können entweder verstreut auftreten oder zu schmalen gelben Querbändern verschmelzen, die meistens mit den gelbgetupften Seitenschuppen verbunden sind.
Körperunterseite: Weitgehend schwarz, selten helle Sprenkel.
Sonstiges: Gehäufte Vorkommen in der Nähe von Flüssen und bewässerten Gebieten.

Bastardisierung mit *L. g. nigrita* und *L. g. californiae* im südöstlichen Arizona und nördlichen Sonora, mit *L. g. holbrooki* im Osten des Verbreitungsgebietes sind bekannt.

L. getula splendida **bevorzugt die Nähe von Gewässern.**
Foto: H. Hansen

Lampropeltis calligaster

Erstbeschreibung: Harlan 1827 Prärie - Königsnatter (Prairie Kingsnake)
Unterarten: Es sind drei Unterarten *L. c. calligaster, L. c. rhombomaculata* und *L. c. occipitolineata* bekannt.
Verbreitungsgebiet: Von Maryland nach Süden bis zum nördlichen Florida, eine Inselpopulation im mittleren Florida, nach Westen durch Tennessee, Kentucky, Indiana, Illinois, südliches Iowa bis in das südliche Nebraska und bis zum westlichen Kansas, Oklahoma und östliches Texas.

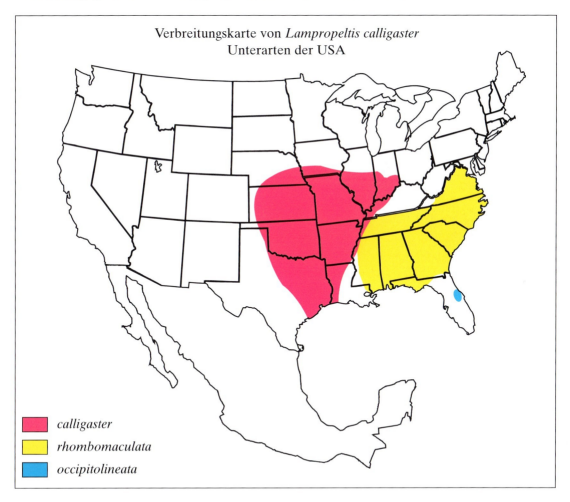

Haltung und Zucht: Die Haltungs- und Zuchtbedingungen sind ähnlich unproblematisch wie bei den in gleichen Gebiet lebenden **getula**-Unterarten (*L. g. getula, L. g. nigra, L. g. holbrooki*). Die Gelege bestehen durchschnittlich aus 10 Eiern.

Sonstiges: *L. calligaster* besiedelt Gras- und Buschlandschaften, Waldgebiete und auch Ackergebiete. Albinozuchten sind bekannt. *L. calligaster* ist das „Stiefkind" in der Gattung *Lampropeltis*, da sie bei vielen Terrarianern zwar nicht unbedingt unbekannt, zumindest aber unbeliebt ist. Gründe sind mir nie konkret genannt worden, ich vermute, daß es sich ähnlich wie mit der auch relativ selten gehaltenen *L. t. triangulum* verhält: Die Tiere erinnern den *Lampropeltis*-Halter zu stark an *Elaphe*, außerdem sind Nachzuchten schwer zu veräußern.

L. calligaster zeigt eine für Königsnattern eher untypische Färbung. Foto: W. B. Love

Schlüssel zu den Unterarten von *Lampropeltis calligaster*

1) 23 bis 27 (meistens 25 oder 27) Rückenschuppen in der Körpermitte; die vorderen und hinteren Ränder der meist 60 oder mehr Sattelflecken sind nach innen gewölbt (konkav); die Zahl der Sublabialia ist 9 oder 10 (selten 8).   ... ***calligaster***
2) 21 bis 23 Rückenschuppen in der Körpermitte; die vorderen und hinteren Ränder der bis zu 56 Sattelflecken (selten mehr) sind entweder gerade oder nach außen gewölbt (konvex); 8 (selten 9) Sublabialia
   ... ***rhombomaculata***
3) 21 Rückenschuppen in der Körpermitte; 78 oder 79 Sattelflecken
   ... ***occipitolineata***

Lampropeltis calligaster calligaster
Farbfoto Seite 167

Erstbeschreibung: Harlan 1827 Prärie - Königsnatter (Prairie Kingsnake)
Verbreitungsgebiet: Von Indiana westwärts bis Nebraska, südlich durch das Tal des Mississippi bis zum östlichen Texas und dem westlichen Louisiana.
Bestimmung: Dorsalschuppen 23 - 27, Ventralia 196 - 215, Subcaudalia 38 - 57, Supralabialia 7 - 8, Sublabialia 9 - 10, Körpersattelflecken 46 - 78.
Kopfzeichnung: Die Schnauzenspitze ist hellgrau bis creme-weiß. Eine braune bis schwarze „Y" oder „V" Zeichnung folgt zwischen den Augen (ähnlich wie bei *Elaphe g. guttata*).
Körperzeichnung: Hinter dem Kopf folgen vertikal beidseitig rötlich bis braune Längsflecken von etwa der Länge des Kopfes. Diese werden dorsal durch eine hellere Zone geteilt. Auf dem Körper ist die Prärie-Königsnatter mit meist 60 oder mehr unregelmäßig auftretenden rötlichen bis braunen Sattelflecken gezeichnet, welche schwarz umrandet sind. Die vorderen und hinteren Ränder der Sattelflecke sind nach innen gewölbt (konkav). Die Sattelflecken können zwei Längsreihen bilden. An den Körperseiten verlaufen gewöhnlich zwei Reihen kleiner Flecken. Sehr selten bilden die Sattelflecken einen Längsstreifen.
Körperunterseite: Die Ventralschuppen sind gelblich mit braunen unregelmäßig auftretenden Flecken.
Haltung im Terrarium: Diese Königsnatter wird in Europa bei einigen Liebhabern schon erfolgreich in Terrarien gehalten und auch zur Nachzucht gebracht. Die Haltung bereitet kei-

ne besonderen Schwierigkeiten. Die Inkubationszeit der Eier beträgt 62 bis 69 Tage. Die Jungtiere messen beim Schlupf 23 bis 28 cm und fressen nach der ersten Häutung problemlos nestjunge Mäuse. Eine Überwinterung der adulten Tiere ist für die Zucht erforderlich. Körperlänge bis 107 cm, Jungtiere 23 - 28 cm.

Lampropeltis calligaster rhombomaculata

Erstbeschreibung: Holbrook 1840 Maulwurfs - Königsnatter (Mole Snake)
Verbreitungsgebiet: Von Maryland bis zum nördlichen Florida, westlich bis Tennessee und dem südöstlichen Louisiana.
Bestimmung: Dorsalschuppen 19 - 23, Ventralia 186 - 213, Subcaudalia 36 - 55, Supralabialia 7, Sublabialia 8 - 9, Körpersattelflecken 42 - 71 (meist nicht mehr als 56).
Kopfzeichnung: Die Kopfzeichnung ist ähnlich der von *Lampropeltis c. calligaster*, nur die Farbe der „Y" oder „V" Zeichnung ist rötlichbraun bis braun.
Körperzeichnung: Die zumeist nicht mehr als 56 rötlich-braunen Sattelflecken ziehen sich um die Körperoberseite bis zur Mitte der Körperseite. Die vorderen und hinteren Ränder der Sattelflecke verlaufen entweder gerade oder sie sind nach außen gewölbt (konvex). An den Stellen, wo die Sattelflecken enden, beginnen auf beiden Seiten kleinere rötlich-braune Flecken, die sich teilweise bis zu den Ventralschildern ziehen. Ein Längsstreifen kann sich durch einen Zusammenschluß der Sattelflecken bilden. Alte Tiere können die Zeichnungsmuster verlieren und vollständig dunkelbraun sein.
Körperunterseite: Weiße bis gelbliche Ventralschuppen sind mit unregelmäßigen braunen Flecken versehen.
Sonstiges: Die Haltung und Zucht ist etwa gleich wie bei der Nominatform. Die Jungtiere sind beim Schlupf meist sehr stark rotbraun gefärbt und weisen hinter dem Kopf zwei rötlich-braune Ventrallinien auf, die sich im adulten Alter auflösen. Gesamtlänge bis etwa 100 cm, Jungtiere 20 bis 23 cm. *L. c. rhombomaculata* ist nachtaktiv und gewöhnlich nur nach starken Regenfällen zu finden, wenn durch das Wasser ihre unterirdischen Gänge geflutet sind. Diese grabende Lebensweise hat ihr den Namen Maulwurfsnatter gegeben.

Lampropeltis calligaster occipitolineata

Erstbeschreibung: Price 1987 Süd - Florida - Maulwurfs - Königsnatter (South Florida Mole Snake)

Verbreitung: Etwa 160 bis 320 km südlich des Verbreitungsgebietes von L. c. rhombomaculata im nördlichen Florida (Okeechobee und Brevard County).

Kopfzeichnung: Die Kopfzeichnung ist ähnlich wie bei den beiden anderen Unterarten. Auf dem Schädeldach findet man kleine Flecken, Pünktchen oder feine dunkle Linien.

Körperzeichnung: Ähnlich wie bei *L. c. calligaster* und *L. c. rhombomaculata*, jedoch weist diese Unterart 78 bis 79 rötlich schimmernde, relativ kleine Sattelflecken auf.

Körperunterseite: Wie bei den beiden anderen Unterarten.

Bestimmung: Da die Unterart erst sehr spät (1987) entdeckt wurde und wegen der Tatsache, daß bisher nur einige Exemplare gefunden wurden, kann man zum derzeitigen Zeitpunkt keine genaueren Bestimmungen vornehmen. Die wesentlichsten Unterschiede zeigen sich in der Zahl der Dorsalschuppen (21) und der Sattelflecken (78 bis 79), die allen gefundenen Exemplare gemeinsam. Über die Zucht und Haltung gibt es noch keine genaueren Angaben.

L. calligaster calligaster besiedelt Waldgebiete sowie Gras- und Buschlandschaften. Foto: Paul W. Hyder

Literatur

Applegate, R. (1992): The General Care and Maintenance of Milk Snakes. Advanced Vivarium Systems, Lakeside.
Behler, J.L./F.W. King (1988): The Audubon Society Field Guide to North American Reptiles and Amphibians. Alfred A. Knopf, New York.
Blanchard, F.N. (1921): A Revision of the King Snakes: Genus *Lampropeltis*. Bull. United States Nat. Mus. (114): 1 - 260, Washington, D.C.
Blaney, R.M. (1973): *Lampropeltis*. Cat. Amer. Amphibians and Reptiles, 150: 1 - 2.
Blaney, R.M. (1977): Systematics of the Common Kingsnake, *Lampropeltis getulus* (Linnaeus). Tulane Stud. Zool. Bot., 19 (3/4): 47 - 103.
Blaney, R.M. (1978): *Lampropeltis calligaster*. Cat. Amer. Amphibians and Reptiles, 229: 1-2.
Bosch, H. (1994): Boa constrictor. Heselhaus und Schmidt Verlag, Münster.
Bowler, J.K. (1977): Longevity of Reptiles and Amphibians in North American Collections.SSAR, Misc. Publ. No. 6.
Brattstrom, B.H. (1955): Records of some Pliocene reptiles and amphibians from Mexico. Bull. South California Acad. Sci. 54: 1 - 4.
Briggs, P./S. McKeown (1994): Natural and Captive-Selected Color Phases of California Kingsnakes (*Lampropeltis getula californiae*). The Vivarium, vol. 6, no. 4, Escon-dido, CA
Brockhaus Texte und Tabellen (1982): Länder und Klima, Nord- und Südamerika. Wiesbaden.
Campbell, J.A./W.W. Lamar (1989): The Venomous Reptiles of Latin America. Comstock Publ. Ass., Ithaca.

Conant, R. (1975): A Field Guide to Reptiles and Amphibians of Eastern/ Central North America. Houghton Mifflin Com., Boston.
Frank, N. (1994): The American Milksnake - *Lampropeltis triangulum*. Reptile & Amphibianmagazine, Sept./Oct., 20 - 33, Pottsville.
Frost, D.R./J.T. Collins (1988): Nomenclatural Notes on Reptiles of the United States-Herpetological Review, 19 (4): 73 - 74.
Garstka, W.R. (1982): Systematics of the mexicana species group of the colubrid genus *Lampropeltis* with an hypothesis mimicry. Breviora, Mus. Compl. Zool. (466): 1 - 35.
Gehlbach, F. (1967): *Lampropeltis mexicana*. Cat. Amer. Amphibians and Reptiles, 55: 1 - 2.
Gehlbach, F./J. Baker (1962): Kingsnakes allied with *Lampropeltis mexicana*: taxonomy and natural history. Copeia 1962 (2): 291 - 300.
Gehlbach, F./C. McCoy (1965): Additional observations on variation and distribution of the gray banded kingsnake, *Lampropeltis mexicana* (Garman).Herpetologica, 21 (1): 35 - 38.
Green, H. W./R.W. McDiarmid (1981): Coral Snake Mimicry: Does it occur? Science, Washington, D.C.. 213: 1207 - 1212.
Herpetological Review : Hrsg.: Society for the Study of Amphibians and Reptiles. Lawrence, Kansas, USA.
Holman, J. A. (1964): Fossil snakes from the Valentine Formation of Nebraska. Copeia 1964 (4): 631 - 637.
Hortenbach, G./H. Hortenbach (1995): Amelanismus bei *Lampropeltis triangulum hondurensis*. Elaphe 3 (1995), Heft 2, 2 - 6, Rheinbach.
Johnson, D. P. (1993): What's new?. Captive Breeding, vol. 1, no. 3, 16, Canton, MI.

Literatur

Klingelhöfer, W. (1955): Terrarienkunde. A. Kernen Verlag, Stuttgart.
Linnaeus, C. (1766): Systema naturae. Stockholm.
Markel, R. G. (1990): Kingsnakes and Milksnakes. T. F. H., Neptune City.
Markel, R. G. (1994): Selected Breeding of California Kingsnakes (*Lampropeltis getula californiae*). Reptile & Amphibian Magazine, July/August 1994, 8 - 16, Pottsville.
Müller, M. (1983): Handbuch ausgewählter Klimastationen der Erde. Universität Trier, Trier.
Nietzke, G. (1969): Die Terrarientiere. E. Ulmer Verlag, Stuttgart.
Nietzke, G. (1980): Die Terrarientiere. 3. Aufl., E. Ulmer Verlag, Stuttgart.
Obst, F. J./K. Richter/ U. Jacob (1984): Lexikon der Terraristik und Herpetologie. Landbuch-Verlag, Hannover.
Perlowin, D. (1992): The General Care and Maintenance of Common Kingsnakes. Advanced Vivarium Systems, Lakeside.
Quinn, H. R. (1983): Two new subspecies of *Lampropeltis triangulum* from Mexico. Trans. Kansas Acad. Sci., 86 (4): 113 - 135.
Rose, W. (1950): The Reptiles and Amphibians of Southern Africa. Maskew Miller, Ltd., Kapstadt.
Rundquist, E. M. (1993): Ethics, Taxonomy, Genetics & Studbooks: Some Considerations and a Proposition. Captive Breeding, Canton.
Secor, S.M. (1990): Reproductive and Combat Behavior of the Mexican Kingsnake, *Lampropeltis mexicana*. Journal of Herpetology, 24 (2): 217 - 221.
Slavens, F. L./K. Slavens (1992): Reptiles and Amphibians in Captivity: Breeding - Longevity and Inventory Current January 1, 1992. Seattle.
Stebbins, R. C. (1985): A Field Guide to Western Reptiles and Amphibians. Houghton Mifflin Com., Boston.
Tanner, W. W. (1953): A study of taxonomy and phylogeny of *Lampropeltis pyromelana* Cope. Great Basin Nat. 13: 47 - 66.
Tanner, W. W. (1983): *Lampropeltis pyromelana*. Cat. Amer. Amphibians and Reptiles, 342: 1 - 2.
Ulber, T. u. a. (1989): Terraristisch/Herpetologisches Fachwörterbuch. Terrariengemeinschaft Berlin e.V., Berlin.
Webb, R. (1961): A new kingsnake from Mexico, with remarks on the mexicana group of the genus *Lampropeltis*. Copeia, 1961 (3): 326 - 333.
Wickler, W. (1968): Mimikry - Nachahmung und Täuschung in der Natur. Kindler Verlag, München.
Williams, K. L. (1978): Systematics and natural history of the American milk snake, *Lampropeltis triangulum*. Milwaukee Publ. Mus. (2): 1 - 258. (2. Aufl. 1988).
Wright, A. H./A. A. Wright (1979): Handbook of Snakes of the United States and Canada. Cornell University Press, Ithaca.
Zweifel, R. G. (1952): Pattern variation and evolution of the mountain kingsnake, *Lampropeltis zonata*. Copeia 1952: 152 - 168.
Zweifel, R. G. (1974): *Lampropeltis zonata*. Cat. Amer. Amphibians and Reptiles, 174: 1 - 4.
Zweifel, R. G. (1980): Aspects of the biology of a laboratory population of kingsnakes. In: Murphy, J. B./J. T. Collins: Reproductive biology and diseases of captive reptiles.- SSAR Contr. Herpetol. 1: 141 - 152.

NEU: Die etwas andere Terrarienzeitschrift

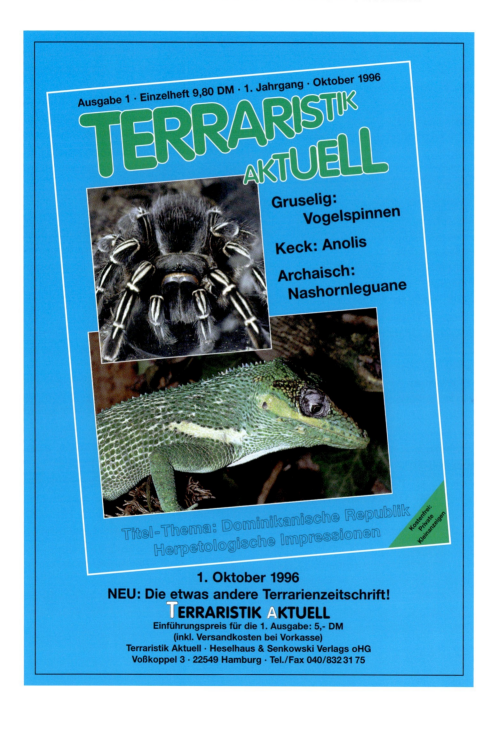

Artenregister

Seitenzahlen mit * verweisen auf
Farbabbildungen

alterna	35*, 79*, 138, 139*
alterna blairi	7*, 9*
calligaster	164*, 165, 167*
calligaster rhombomaculata	166
calligaster occipitolineata	167
getula	152
getula californiae	155
getula floridana	23*, 57*, 153*, 157*, 158*
getula getula	159
getula holbrooki	160
getula nigra	23*, 161
getula nigrita	161
getula splendida	162*
mexicana	140
mexicana mexicana	47*, 59*, 141*
mexicana greeri	82*, 142*
mexicana thayeri	55*, 58*, 143
pyromelana infralabialis	8*, 148*
pyromelana pyromelana	148*, 149
pyromelana knoblochi	149*
pyromelana woodini	47*, 144*, 150
ruthveni	8*, 150, 151*

Artenregister

Seitenzahlen mit * verweisen auf
Farbabbildungen

triangulum	95
triangulum abnorma	98
triangulum amaura	99, 101*
triangulum andesiana	100, 101*
triangulum annulata	70*, 87*, 102*
triangulum arcifera	103*
triangulum blanchardi	43*, 104
triangulum campbelli	105*, 106*
triangulum celaenops	107
triangulum conanti	108
triangulum dixoni	65*, 109
triangulum elapsoides	29*, 109, 110*, 111*
triangulum gaigeae	112, 113*
triangulum gentilis	19*, 114
triangulum hondurensis	10*, 70*, 90*, 115*, 116*, 116
triangulum micropholis	95*, 117
triangulum multistriata	119
triangulum nelsoni	120*
triangulum oligozona	50*, 121
triangulum polyzona	101*, 122
triangulum sinaloae	19*, 61*, 123*
triangulum smithi	86*, 124
triangulum stuarti	125*
triangulum syspila	126*
triangulum taylori	128*
triangulum triangulum	129*
zonata	132
zonata agalma	15*, 133*
zonata herrerae	15*, 134
zonata multicineta	27*, 39*, 74*, 134
zonata multifasciata	135
zonata parvirubra	135, 136*
zonata pulchra	136*, 137
zonata zonata	137